Ganzheitlich Heilen

Buch

Chris Griscom entwirft ein eindrucksvolles Bild der Geschehnisse rund um das Verschmelzen einer sich inkarnierenden Seele mit dem zukünftigen Körper und den damit verbundenen Lebensaufgaben. Sie zeigt auch, wie die bereits gemachten Erfahrungen der Seele dem neuen Körper ihren Stempel aufdrücken. So läßt sich an Körperbau und Körperbeschaffenheit jedes einzelnen meist die Geschichte einer langen Kette von Inkarnationen deutlich ablesen. Doch auch aktuelle, auf das gegenwärtige Leben bezogene psychische Themen spiegeln sich im Körper und seinen Organen wider. Dieses Praxisbuch bietet Hilfen, die Sprache des Körpers zu lesen und so mit ihm in Harmonie zu kommen.

Autorin

Chris Griscom ist eine der großen spirituellen Lehrerinnen unserer Zeit. Ihre Bücher, Seminare und Vorträge sowie das von ihr gegründete »Light Institute« haben einem breiten Publikum die Anschauungsweise des ganzheitlichen Bewußtseins zugänglich gemacht. Sie hat Energieprozesse entwickelt, die uns erlauben, Zugang zu Erfahrungen von früheren Leben zu finden und die uns helfen, unser volles geistiges Potential zu erkennen und zu entfalten. Die Autorin lebt in New Mexico, USA.

Bei Goldmann ist von Chris Griscom außerdem lieferbar:

Der Quell des Lebens (12242)
Der Weg des Lichts (12159)
Leben heißt Liebe (12125)
Die Heilung der Gefühle (12113)
Zeit ist eine Illusion (11787)

Ich widme dieses Buch
den Behandelnden am »Light Institute«,
deren Seelenkörper so großartig
in die Welt hinausstrahlen.

Inhalt

Prolog

Ich träumte immer formlos. Vielleicht tun wir das alle. Ich konnte weder die tiefe Weisheit noch das Wunder des mit dem Samen verschmolzenen Eies ergründen, das mich hervorbrachte. War es vielleicht ein süßer Klang, der meinen Entwurf an seine feucht-glatte Haut brachte und sich durch Küssen Einlaß verschuf? Durfte ich wirklich hoffen, den Rand einer derart trügerischen Schwelle zu berühren, über die das befruchtete Nichts in den Strudel menschlichen Daseins hineingesogen wird?

Doch das Flüstern sprach zu mir ... Es sprach von meinem Leben, und irgendwo in mir antwortete ich. Ja! Ja, entzünde den Funken. Bereite die Säfte. Innerstes Wesen, Kern, Essenz, so einzigartig, allumfassend, beginne!

Bebend schwängerte der fließende Geist die Zeit und brannte sich in die feste Form. Die Vergangenheit wurde zum gnadenlosen Netz, vom Gewissen und der Nacht eng geknüpft.

Die Zukunft erwartete das Erwachen der Gegenwart.

Und indem sie sich kreuzten, webten sie einen Teppich, der mein Dharma werden sollte.

So wurde das Netz geworfen, und ich eilte, mir einen Körper zu bauen: einen Körper, stark genug, um die Lektion zu ertragen, fließend genug, um sich zu wandeln, licht genug, um die Seele voranzubringen – *einen Seelenkörper.*

Versuchen wir einmal, uns so etwas wie einen Seelenkörper vorzustellen. Kann denn ein einziger Körper die ganze Seele umfassen? Nein, nicht einmal tausend Körper könnten sie in sich aufnehmen. Die Seele muß den Körper in sich enthalten. Indem sie den Lebensodem einzieht, schlüpft sie durch den Schleier und setzt den heiligen Äther zu einem Körper aus Blut und Qi zusammen.

Wie könnte ich die Dimensionen meines Seelenkörpers bestimmen? Soll er weiblich oder männlich sein? Soll er groß oder klein sein? Welche Art von Haut und Haar sollte er besitzen? Wie würden seine Merkmale seinen Charakter beschreiben – die Geschichte seines Lebenssinns und seiner Entwicklung, wie sie jeder winzige Teil des Körpers erzählt?

Die Stirn, die Augen, die Nase und die Ohren, die Hände und Oberschenkel – alle sprechen von Ausrichtungen des Geistes und der Gefühle. Jedes innere Organ, das sich in den Linien und Formen der äußeren Körperform spiegelt, definiert die Absicht der Seele. Was suchst du dir aus, meine Seele? Ein Gefüge uralter und naheliegender Erinnerungen, die Körperbewegung und innere Verfassung aufeinander abstimmen? Wirst du dir römische, lemurische, afrikanische, asiatische, indische, indianische, galaktische Formen aussuchen? Formen der Devas, der Maya, Druiden, Griechen oder noch andere?

Jeder evolutionäre Schub wurzelt im Boden unserer bereits gelebten Leben, in denen die Themen beginnen und transzendieren. Gewisse Themen rufen Liebe, Haß oder

Macht hervor; andere lehren uns Gleichgewicht, Harmonie, karmische oder kosmische Gesetze. Der Seelenkörper sucht sich die Themen aus und bündelt sie zu Strängen, die sich zu dem verweben, was wir Form nennen.

Die Stränge formen die Matrix sämtlicher Möglichkeiten, in der die magnetische Anziehung Bezugspunkte entwirft, die von durchlebten Inkarnationen in mentalen, emotionalen, physischen und geistigen Reichen stammen. Die Themen und Erinnerungen auf Zellebene überschneiden sich und lösen eine geistige Schöpfung aus, die sich in einen einmaligen Körper einfügt. Unter Milliarden von Fingerabdrükken findet man keinen, der genau gleich ist.

Doch eine unerklärliche Verbindung läßt uns den Schmerz des anderen physisch und real spüren. Viele der körperlichen Schmerzen stammen von Strömen, die geheimnisvoll von einem Körper auf den anderen überspringen, sogar wenn sie physisch weit voneinander entfernt sind. Diese Tatsache für sich beweist schon, daß wir nicht allein und isoliert sind.

Wenn man den Schmerz eines anderen übernimmt, ist das, als ob unser Immunsystem nicht klar unterscheiden könnte. Indem wir uns nicht gegen den anderen abgrenzen, retten wir ihn aber nicht; wir erschöpfen dabei nur unsere eigene Energie und bringen den Körper dazu, sich zu zersplittern – als ob er zwei Leben gleichzeitig lebte. Wie viele Leibschmerzen von Kindern sind eigentlich die der Eltern, oder wie viele Gefühle haben die Eltern von ihren Kindern übernommen? Daß dies geschieht, ist Beweis genug für das unzerrissene Band zwischen uns.

Sind unsere nächtlichen Träume die Schreie aus dem Leben eines anderen? Vergangener Schmerz ist Freude oder

Leidenschaft, ja sogar Gedanken, die in die menschliche Isolation eindringen.

Als Kind ertappte ich mich oft dabei, wie ich im Geist eines anderen herumstöberte. Manchmal konnte ich nicht unterscheiden, ob das Gespräch außerhalb von mir laut stattfand, ja nicht einmal, wer von uns beiden am Sprechen war.

»Ich weiß«, sagte ich vielleicht.

»Was weißt du?« fragte der andere.

»Was du über diesen Jungen gesagt hast.«

»Aber ich habe ja gar nichts gesagt, ich habe es nur gedacht.«

»Ach so!«

Ich verstand damals die Verästelungen derartiger Vorkommnisse nicht – daß ich dadurch zu einer Art Sieb wurde, ganz durchlässig für die Körper anderer.

Zu fühlen, was eine andere Person fühlt, dient dem Körper in keiner Weise; dieser muß mit der Zeit das Bewußtsein lehren, sich feinstofflicher Bereiche gewahr zu werden, aus dem Mitgefühl des Herzens heraus zu beobachten und sich so über alle Trauer und Krankheit zu erheben.

Zu Anfang, als ich mich im Heilen übte, hatte ich körperliche Empfindungen, die ich von der Person übernahm, an der ich arbeitete. Es half mir, den Ursprung ihres Problems zu erkennen. Vielleicht war es die einzige Möglichkeit, mir selbst zu vertrauen. Anfänglich unterliegen die meisten von uns jedenfalls in gewisser Weise der Illusion, daß wir beim Heilen etwas tun, daß wir mit dem Heilungsakt verbunden sind. Früher oder später müssen wir alle lernen, das schwache Ego sterben zu lassen.

Ich weiß, daß mein Drang zu helfen karmisch bedingt war, nicht nur wegen meines Mitgefühls, sondern weil irgendwo tief in meiner Seele die Verpflichtung eingraviert war, eine Schuld, die ich in einer Inkarnation auf mich geladen hatte, zu tilgen. Etwas zu liebkosen, was ich einst zerstört hatte. Dieses Zellwissen war jeweils an den Beweis der Einheit geknüpft, der durch den Schmerz erbracht wurde.

Wir sprechen miteinander, du und ich, auch wenn wir glauben, wir verstecken uns voreinander. Ungewollt springt das Wissen von einem Körper auf den anderen über. Wir müssen es nur wollen. Oder es geschieht, auch wenn wir es nicht wollen.

Doch weshalb kommt es dazu?

Bin ich in deinem Körper? Bist du in meinem?

Wie kann es ohne Kanal, ohne Berührung überspringen?

Das Wissen reist an der Zeit vorbei, durch feinstoffliche Körper hindurch, ausschließlich mittels *Bewußtheit.*

1 Seelenkörper

Die Seele wird immer wieder inkarnieren. Sie wird sich immer wieder erneuern, indem sie Form annimmt, genauso wie wir uns erneuern, indem wir zum Wesentlichen zurückkehren!

Mir ist, als seien Sie hier bei mir, als ob ich direkt zu Ihnen spräche. Es ist so, als hätten wir eine persönliche Beziehung, und was ich nun beschreibe, richte ich direkt an Sie. Ich kann geradezu Ihren Atem hören, während Sie mir zuhören.

Auch ich habe das Gefühl, Ihnen zuzuhören, und eigentlich sind Sie es, die den Inhalt meiner Botschaft steuern. Mir ist, als könnte ich Ihre Bemerkungen und Fragen hören, und vielleicht sind einige der Geschichten in diesem Buch tatsächlich Ihre eigenen, denn ich höre gewissermaßen über Ihren Verstand hinweg und horche auf Ihre innerste Seele.

Es stimmt, daß wir eine Seelenfamilie sind, und im Rahmen des unendlich fließenden kosmischen Wissens ist es tatsächlich so, daß Ihre Erfahrungen ein Teil von mir sind, und alles, was ich bin, ist ein Teil von Ihnen. Wie konnten wir nur so lange vergessen, daß wir in dieser gegenseitigen Verbundenheit leben? Wir träumten voneinander, und dennoch glauben wir, wir könnten uns nicht einmal berühren.

Unsere Seelenkörper sind aus demselben Urstoff gemacht. Sie sind zum selben Zweck in die Welt der Moleküle vorgestoßen, und wir kennen uns gegenseitig aus einer Welt jenseits der Stofflichkeit. Unsere körperlichen Formen mögen getrennt erscheinen und sogar sehr verschieden aussehen, doch die Lebenskraft, die diese Form bestehen läßt, ist reine Energie, die zwischen uns existiert und uns beide umgibt. Diese Energie trägt unsere Gedanken und Gefühle, so daß wir beide im selben Ozean des Lebens schwimmen und denselben Möglichkeiten und Verschmutzungen ausgesetzt sind.

Sie meinen womöglich, daß Ihre Zweifel und Ihre Traurigkeit nur Ihnen gehören würden, obschon sie in Wahrheit von jemand anders herstammen mögen. Was immer wir denken oder fühlen geht ein in die feinstofflichen Ströme, die von uns ausgehen und um die Erde und darüber hinaus fließen. Sie nehmen meine Gedanken auf und ich die Ihren. Fürchten Sie sich nicht, ein Teil von mir zu sein. Wenn Sie es zulassen, werde ich Ihr Leben bereichern. Was immer Sie an mir stört oder mißfällt, ist ein Spiegel Ihrer selbst, und es kann nicht an Ihnen haften bleiben, wenn es nicht bereits ein Teil von Ihnen ist. Ich habe keine Angst vor Ihnen. Ich weiß, daß wir uns gegenseitig etwas lehren sollen.

Wir sind hier auf der Erde, um uns bei unserer Evolution gegenseitig zu unterstützen. Keine unserer Entscheidungen oder Erfahrungen kann unseren großartigen Seelen jemals schaden. Die Leute sorgen sich so sehr darum, was andere wohl von ihnen denken – meistens weil sie selbst so negative Gedanken hegen.

Was geschieht, wenn wir uns unserer Gedanken bewußt werden? Wir wüßten dann ein für allemal, daß das Leben genau so ist, wie wir es uns vorstellen, weil unsere Gedanken in Erfüllung gehen. Wir würden dann unmittelbar die Verbindung zwischen der nichtmanifesten und der materiellen Welt erkennen. Wir könnten einen Gedanken ins All hinaussenden und beobachten, wie er an Kraft gewinnt, da er entsprechende Energien anzieht, bis diese die kritische Masse erreichen und sich zur Form verdichten. Wie können wir da noch behaupten, das alles habe nichts mit uns zu tun, wir seien die Opfer von etwas außerhalb von uns?

Da wir uns von getrennten Körpern aus erblicken, erfahren wir diese Illusion als Distanz und Isolierung, die uns ständig an unser Alleinsein erinnert. Deshalb klammern wir uns verzweifelt aneinander und projizieren unsere Beziehung zur göttlichen Quelle auf den anderen.

Die Illusion der Trennung ist so alt wie die Erfahrung der Umsetzung der Quintessenz in die Materie, der Fleischwerdung in der Form. Wir sind beeinflußt von unseren äußerlichen Schlußfolgerungen; wir haben die direkte Erfahrung der Welten jenseits unserer dreidimensionalen verloren und vergessen, daß das Bewußtsein über den Körper hinaus, ja sogar über den Geist hinaus reicht.

Du und ich, wir sind ein Teil von etwas unendlich Größerem als unsere physische Wirklichkeit. Obschon wir nicht nur aus dem Körper bestehen, scheint er unsere Vergeßlichkeit zu verursachen und somit auch unsere Angst, von der Quelle abgeschnitten zu sein. Tatsächlich ist es aber nicht unser Körper, der uns von ihr trennt, sondern er stellt die Quelle sicher; wir sind der Ausdruck der Quelle. Ohne Form hätte das Universum keine Struktur, auf der es sich weiterentwickeln kann, und so würde es nicht mehr weiter existieren können.

Die Seele wird auf ewig immer wieder inkarnieren. Sie wird sich erneuern, indem sie Form annimmt, so wie wir uns erneuern, indem wir zur Quelle zurückkehren! Unendliche Vielfalt, unbegrenzte Umwelt erwartet die von der Seele gewählte Form; sie wird nicht immer auf der Erde geboren und nicht einmal immer als Mensch.

Alle Menschen haben einen kosmischen genetischen Code geerbt, der sich aus feinstofflichen Dimensionen des Lichts und des Raumes kondensiert hat. Unsere derzeitige physische Form besteht zur Hauptsache aus Licht, Wasser und Raum.

Ultraviolettes Licht ist der Übermittler von DNS-Botschaften, die nahezu unendlich viele Replikatzellen schaffen können. Jede Zelle enthält Licht und ernährt sich davon. Unsere Meisterdrüsen sind außerordentlich lichtempfindlich, und die Zellen der Regenbogenhaut im Auge und die Zirbeldrüse erkennen die Ströme von Lichtfasern, die von unserem elektromagnetischen Aurafeld ausgehen.

Wasser ist die Mutterflüssigkeit des Zellebens. Unser Blut enthält die gleichen Elemente wie das Meer, und fast alle Zellvorgänge spielen sich in einem flüssigen Medium ab. Wasser bedeutet Leben. Unser Gehirn besteht zu neunzig Prozent aus Wasser, und bei unserer Geburt sind wir saftige kleine Wesen, die achtzig Prozent Wasser enthalten.

Es fällt uns schwer, uns als Raum zu erkennen. Unser Emotionalkörper will sich im Schoße der begrenzten Wirklichkeit sicher fühlen, damit er seine größte Angst, die Angst vor der Trennung, der Isolation, vermeiden kann.

Können Sie sich selbst überhaupt als Raum vorstellen? Das Freisein von allen Einschränkungen kann für das Ego sehr beängstigend sein, denn es definiert sich gerade durch die Begrenzung. Das Ego fürchtet sich, sobald es an Festigkeit einbüßt. Doch indem das Ego erfährt, wie es sich in Raum verwandelt, wird es in das Reich der Transzendenz geführt. Sie und ich, wir sind die geschwängerte Leere; wir wirbeln hinein in die Form und wieder aus ihr heraus, um neue Energien zu sammeln.

Wann immer man sich in eine Situation verstrickt sieht, die einen überwältigt und aus der man keinen Ausweg sieht, oder wenn man anfängt, sich in die Defensive zurückzuziehen, sollte man tief einatmen und sich ausdehnen, bis man die Schwierigkeit nur noch als winzigen Punkt im unendlichen Raum erkennt. Stellen Sie sich vor, Sie seien das All, und wenn Sie so das Problem umkreisen, aktivieren Sie oder verändern Sie das Energiegleichgewicht. Mein Höheres Selbst rät mir stets, eine Notlage durch Ausdehnung zu transzendieren. Es funktioniert immer!

Als Teenager sah ich einen Dokumentarfilm über einen großen brasilianischen Geistheiler, der mit primitiven Messern Operationen durchführte, besonders auch an Augen. Später hatte ich Gelegenheit, die Arbeit verschiedener philippinischer Geistheiler kennenzulernen und selbst zu erleben. Auf die Frage, wie sie das machten, erklärten sie, daß sie durch die Zwischenräume zwischen den Zellen in den Körper hineindringen. Für sie besteht der Körper aus unendlichem Raum.

Ich werde den Schock meiner ersten Erfahrung mit einer Geistheiler-Operation am eigenen Leib nie vergessen. Nachdem ich über das Verfahren gelesen und Filme darüber gesehen hatte, brannte ich darauf, es selbst zu erleben. Zwei Brüder kamen nach Albuquerque in New Mexico, und ich besuchte sie mit einer Freundin.

Als wir dort eintrafen, ließ man uns Platz nehmen, und wir wurden gebeten, in einer Art Gebetshaltung zu verharren. Mein ganzer Leib schien von einem starken elektrischen Strom erfüllt zu werden, während ich mir vorstellte, daß ich den chirurgischen Eingriff an mir selbst vornehmen würde.

Während ich dasaß, begann ein qualvolles Prickeln in meinen Fingerspitzen, als ob Millionen von Nadelspitzen in meinen Fingerkuppen steckten, bis jeder Finger sich wie eine geschwollene Lichtkugel anfühlte.

Ich wußte, daß ich bereit war und daß auch ich zwischen den Zellen hindurchschlüpfen könnte zu den Punkten negativer Energie, die danach schrien, freigelassen zu werden.

Schließlich traf einer der beiden Geistheiler ein und begann eine Predigt über das Böse im Menschen zu halten. Nahezu eineinhalb Stunden lang predigte er in gebrochenem Englisch über unsere Begrenztheit und unsere Sünden. Ich erkannte, daß er sich mit dieser Technik in einen anderen Bewußtseinszustand versetzte und sein Ego aus dem Weg schaffte, damit Gott durch ihn wirken konnte. Die Wirkung auf mich war jedoch so, daß ich das wunderbare Gefühl der Ausweitung verlor. Mein Ego war zwar weg, aber meine Inspiration ebenfalls.

Als ich endlich an der Reihe war, in den Raum zu gehen und mich auf den Behandlungstisch zu legen, da bat ich die beiden Brüder, mir zu gestatten, sie bei der Arbeit zu beobachten. Doch einer von ihnen legte mir die Hand über die Augen und gebot mir, sie geschlossen zu halten. Ich wollte dagegen aufbegehren, doch da empfand ich das erstaunlichste Gefühl, das ich je in meinem Körper hatte.

Zuerst spürte ich den Druck seiner Hand auf meinem Bauch. Der Druck nahm zu, bis es zu einer Art innerer Explosion kam, wobei äußerlich ein lauter Knall zu hören war. Ich verfiel in einen schockartigen Zustand, und dabei wurde etwas in mir freigesetzt. Ich nahm verschwommen wahr, daß er eine Art kleinen Klumpen aus mir herausgezogen hatte. Noch beunruhigender war eine warme Flüssigkeit, die aus meinem Bauch floß und auf meinen seitlich des Körpers liegenden Arm tropfte.

Was meine Aufmerksamkeit erregte, war die Tatsache, daß diese Flüssigkeit sich nicht abkühlte, wie das zu erwarten gewesen wäre, wenn der Heiler sie im Rahmen der Behandlung auf mich gegossen hätte. Nein, sie war zweifelsohne ein Teil von mir, ein tiefer Teil, der nun der Außenwelt ausgesetzt war. Es schien, als ob ich aufgeschlitzt worden wäre und mein ganzes inneres Selbst nun verletzlich, der Welt ausgesetzt, dort läge.

Nicht nur mein physischer Leib, sondern auch meine feinstofflichen Körper spürten dieses Ausgesetztsein mit großer Intensität; mein mentaler und mein spiritueller Körper erlebten einen Zustand vollständiger Entrücktheit. Es war die Art von begeisternder Ausweitung, die ich nur bei meinen sechs Todesschwellenerlebnissen erfahren hatte, wenn jeweils die Energie aus dem Leib hinaus ins Licht strömte.

Viele Jahre später bekam ich die großartige Gelegenheit, den weltbekannten philippinischen Heiler Alex Orbito zu beobachten, als er fünfhundert Geistheiler-Operationen am Light Institute durchführte. Er war es, der mir erklärte, daß er sich durch Gottes Gnade zwischen den Zellräumen bewegen kann, um negative Energien einzusammeln und sie aus den Körpern zu entfernen.

Der Raum ist kein Vakuum, als das wir ihn vielleicht wahrnehmen. Er ist eine schöpferische Suppe voller Lebenspartikeln, die auf den Anstoß warten, um sich von der Wesensenergie in die physische Form umzusetzen.

Unsere Körper sind das geeignetste Medium, um das Wesenhafte, die Essenz, und die Form miteinander verschmelzen zu lassen. Ihre Ursprungsmaterie umfaßt sämtliche Schöpfungen auf unserer irdischen Evolutionsleiter, aber auch kosmische Entwürfe aus allen Bereichen unseres Weltalls. Das größtmögliche Abenteuer besteht darin, daß wir bewußt zu allen anderen Arten auf dieser Leiter Beziehung aufnehmen. Wir können von ihnen unglaublich viel lernen über das Überleben, die Erdgeschichte und vieles mehr.

Vermögen Sie sich vorzustellen, wie wichtig es für uns als Gattung sein könnte, von den Algen – den ältesten Lebewesen auf Erden – zu lernen, wie sie alle Umwälzungen der Vergangenheit auf unserem Planeten überleben konnten? Wie sie das Sonnenlicht zum Leben benutzen und wie wir unsere Lichtkörper aktivieren könnten? Wie die Heuschrecken Enzyme bilden, die sie gegen Verstrahlung schützen? Wie Haie ein geheimes Gesundheitsrezept in ihren Knorpeln gespeichert haben?

Die Fragen sind zahllos. Es mutet archaisch an, wenn wir fälschlicherweise immer noch glauben, die Intelligenz habe ausschließlich etwas mit der Größe des Gehirns zu tun. Wir müssen die Informationen zutage fördern, die im Zellgeist gespeichert sind, und deshalb mit anderen Arten über einen anderen Bewußtseinsweg in Beziehung treten.

Wenn wir die Mehrdimensionalität unserer DNS untersuchen und sie mit der anderer Arten vergleichen, werden wir das Band verstehen, das uns alle verbindet, uns aber auch unsere ureigensten Attribute verschafft. Alles, was in einem Körper erscheint, und sei es auch nur in einem Lichtkörper, hat seine ganz eigene Signatur.

Auch Sie haben eine Signatur, obschon es schwierig wäre zu sagen, woran wir sie erkennen. Vielleicht ist es nur das Gefühl Ihrer Anwesenheit oder ein zarter, Ihnen eigener Körperduft. Es ist jedenfalls mehr als Ihr physisches Selbst, mehr als die Energie, die Sie verströmen. Es ist etwas, was noch viel tiefer geht und wodurch Sie uns vertraut sind, und wir erkennen Sie daran und wissen, daß Sie das sind.

Obschon die Wissenschaft es noch nicht herausgefunden hat, besteht kein Zweifel, daß diese Signatur in Ihrer emotionalen und geistigen DNS vorhanden ist und von Ihnen in jedem Körper, in dem Sie inkarnieren, weitervererbt wird. Aus diesem Grund erkennen wir uns, wenn wir das erste Mal im jetzigen Leben aufeinandertreffen; wir sagen dann: »Ach, du bist es wieder. Ich kenne dich!« Und wir fahren dann mit der Beziehung dort fort, wo sie vor zehn Jahren oder vor zehn Leben abgebrochen wurde.

Vielleicht sind es subtile Gesten, die das Erkennen auslösen. Ganz bestimmt hat es etwas damit zu tun, wie Ihr Körper sich zusammensetzt. Der Körper, den Sie in jenem Leben hatten, wird irgendeine kennzeichnende Eigenschaft in Ihrem jetzigen Körper mit herüberbringen. Vielleicht erinnert mich die Form Ihrer Nase an Sie. Vielleicht mahnt sie mich an ein Leben in Griechenland oder Rom, in dem wir zusammen waren. Keiner sonst wird es bemerken außer mir, aber ich werde bestimmte unbewußte, geheime Andeutungen mit Ihnen teilen, die auf unsere gemeinsame Reise Bezug nehmen.

Ohne Ihren Körper überhaupt anzusehen, könnten Sie mir vermutlich eine Reihe von Punkten nennen, bei denen ein Ungleichgewicht herrscht, oder voneinander unabhängige Teile, die anscheinend nicht zusammenpassen.

Unsere Lippen, Ohren, Beine, Füße, unser Genick, unser Kopf, sie alle enthalten sämtliche Erinnerungen an ihre körperlichen Erfahrungen in anderen Leben. So hatten beispielsweise die Römer starke, säulenartige Beine, die bestens fürs Marschieren und Erobern geeignet waren. Wenn Sie derartige Beine haben, überlegen Sie einmal, wie es mit Ihrer Yang-Kraft, dieser machtvollen Energie, bestellt ist und wie Sie sie ausdrücken. Ihre Beine könnten Ihnen bei Ihren jetzigen Bemühungen dienlich sein.

Ihre physischen Merkmale stehen vielleicht mit kulturellen Attributen in Zusammenhang, mittels derer ganze Gesellschaften bestimmte Themen ausdrücken. Vertreter der Evolutionstheorie berufen sich auf die Anpassung der Arten, die darauf abzielt, ihre Überlebenschancen zu verbessern. Es ist sehr wohl möglich, daß individuelle Merkmale auch ein Indikator thematischer Vorlieben sind, wenn sie in ganzen Volksgruppen vorkommen.

Erstaunlicherweise läßt sich unsere emotionale DNS aus anderen Leben genausogut erkennen wie unser physisches Erbgut. Mütter beschreiben oft, wie ihre Kinder schon vor der Geburt ihre ganz eigene Persönlichkeit hatten. Kinder drücken im Mutterleib schon emotionale Fähigkeiten aus und scheinen auf äußere Schwingungen, wie zum Beispiel Musik, Filme und Gedanken sowie Gefühle der Mutter und des Vaters, aus ihrem eigenen Verhaltensmuster heraus zu reagieren. Die Mütter beschreiben diese Reaktion nicht nur in körperlichen Begriffen, wie zum Beispiel Zappeln oder

Purzelbäume schlagen, sondern sie empfinden dabei, daß sie emotionale Aspekte erkennen, die möglicherweise biochemisch übertragen werden. Nach der Geburt des Kindes bleibt das passive oder leidenschaftliche Verhalten kennzeichnend für seine emotionale Ausdrucksweise.

Es ist ein wunderbares Geschenk, wenn man entdeckt, daß die Quelle vieler unerklärlicher emotionaler Verhaltensweisen oder Einstellungen die anderen Erfahrungen der Seele sind, denn dann brauchen wir unsere Energie nicht mehr damit zu verschwenden, daß wir auf die Eltern und andere nahe Menschen unsere Gefühle projizieren oder ihnen die Schuld daran zuschreiben.

Die Tendenz zu unbeherrschter Wut, Eifersucht, Phobien und viele andere schmerzliche Verhaltensweisen lassen sich sicher in anderen Leben verankert finden. Bei der Empfängnis ritten diese Verhaltensweisen huckepack in Form unserer emotionalen DNS auf dem genetischen Code mit. Wenn wir zu ihrer Wurzel zurückfinden, verschwinden sie oft gänzlich.

Vielleicht leiden Sie manchmal unter Traurigkeit oder Depressionen, ohne dafür einen Grund nennen zu können. Vielleicht haben Sie sie von sich selbst geerbt aufgrund einer Erfahrung, die nicht Teil Ihres jetzigen Repertoires ist, die aber trotzdem in Ihrem Emotionalkörper herumspukt.

Ich sage nun etwas, das Sie hoffentlich zu tiefer Kontemplation anregt: Ich behaupte, daß die Erfahrung die Form derart durchdringt, daß sie unweigerlich die Zukunft beeinflußt!

Vielleicht wird sich Ihr Verstand irgendwann in den Klauen der Verleugnung dessen, was Ihnen dieses Buch aufzeigt, vollständig verschließen. Vielleicht ist Ihre Ablehnung nur ein Teil von Ihnen, der noch schläft. Wir sind aber daran zu erwachen, Sie und ich; wir erwachen zu einer Tiefe der Erinnerung, einer Qualität des Wissens, das dazu dient, uns den Aufbau unseres zukünftigen Potentials, unserer neuen Körper zu erleichtern. Diese werden Eigenschaften enthalten, die wir schon kennen, und solche, die wir uns überhaupt nicht als menschliche Merkmale vorstellen können.

Wie würden Sie eine neue Art von Mensch gestalten? Würden Sie nicht auch die bedingungslose Liebe der Engel, das Mitgefühl und die Führung der großen Avatare (irdische Verkörperung der Götter), die Devas und galaktischen Meister über physische Gesetze miteinfließen lassen? Da wir uns nur vorstellen können, was bereits vorhanden ist, müssen diese potentiellen Aspekte bereits jetzt in unserer Reichweite liegen!

Welche Eigenschaften der Engel wünschen Sie sich? Ist es der innere Friede, die bedingungslose Liebe? Diese Eigenschaften sind tatsächlich in deren Erbgut verankert. Vielleicht ist es ungewohnt, sich vorzustellen, daß auch Engel ein Erbgut, einen DNS-Code, haben, denn wir stellen sie uns ätherisch, nicht sterblich vor; sie sind aber genauso wie wir Menschen eine Gattung.

Wir sind hier als Anker für eine neue Art Mensch, in der die vergangenen und zukünftigen Elemente anderer Gattungen, aber auch unsere eigenen, neu kombiniert werden. Stellen wir uns einfach eine Verbindung von engelhaften und galaktischen Wesen vor, die sich verschmelzen können, um Ungleichgewichte in unserer menschlichen Form und Psyche zu korrigieren.

Wir sehnen uns nach der Macht, der Schönheit und Intelligenz, die wir auf andere Menschen um uns herum projizieren. Es ist nahezu unvorstellbar, daß wir ins Weltall hinausblicken könnten in der Erwartung, die Attribute zu erlangen, die unserer Meinung nach andere, legendäre Wesen besitzen.

Die Seele gestaltet sich ganz genau die Art von Körper, die sie braucht, um ihren Klang in die Form einzubringen. Jeder Teil des Erbgutes sorgt dafür, daß sein Zweck erfüllt werden kann. Wir glauben, daß wir unseren Körper von unseren Eltern erben, doch tatsächlich haben wir kollektiv zu den Attributen beigetragen, die unsere Familiensignatur werden. Die Seele, die die Rolle des Kindes übernimmt, setzt vielleicht in einem Elternteil eine körperliche Schwäche in Bewegung, damit die geeignete karmische Umgebung geschaffen wird, innerhalb der sich ihre gemeinsame emotionale oder geistige Reise abspielt. Es kann genausogut geschehen, daß ein Großelternteil als sein eigenes Enkelkind wieder inkarniert; er oder sie kommt als Kind der eigenen Nachkommen zur Welt, um das karmische Thema weiterzuführen, an dem sie beide zusammen arbeiten.

Die grenzenlose Seele muß sich in einer Konzentration spezifischer Energie kristallisieren, um in unsere dreidimensionale Welt hineingeboren zu werden. Diesem Verschmelzungsvorgang zwischen dem Ei und dem Sperma geht eine Art Einschmelzung voraus, bei dem die Quintessenz, das Wesen, sich im Gefäß des Körpers konzentriert.

Leider trägt der genetische Code der Menschheit gewisse alte negative Schlußfolgerungen über das Erdendasein in sich, die es uns schwermachen, die ekstatische Freude der Seele über die Absicht zu inkarnieren aufrechtzuhalten. Statt dessen neigen wir dazu, unser Bewußtsein auf die Angst und den Schmerz dieses Vorganges zu fixieren.

Der Einschmelzvorgang findet bei der Empfängnis und beim Tod statt. Bei der Geburt kondensiert sich die reine Essenz in einem Tropfen befruchteter Materie. Beim Tod findet eine Art atomares Feuer statt, durch das die Materie wieder in den Äther hineinschmilzt.

Bei meiner Arbeit habe ich feststellen können, daß etwa achtzig Prozent der Menschen im Augenblick der Geburt entsetzliche Angst empfinden und beim Eintritt ins Leben ein kraftvolles Nein hinausschreien. Diese Ablehnung muß aufgehoben werden, wenn wir unsere wahre Bestimmung erben sollen. Diese Einschmelzung ist nur ein Übergangsprozeß, durch den wir in den Körper ein- oder aus ihm austreten, und wir können lernen, dies mit Anmut zu tun, wenn das Bewußtsein sich seines Lebenszwecks gewahr bleibt.

In einem meiner Leben erlitt ich eine besonders erschreckende Einschmelzung, die freigesetzt werden mußte, damit ich lernen konnte, das physische Dasein als großes Abenteuer und Seelenaufgabe anzunehmen und zu lieben. Davon möchte ich jetzt erzählen, damit die Leser, die vielleicht auch tief eingeprägte Ängste vor dem Inkarnieren haben, sie ebenfalls auflösen können.

2 Einschmelzung

Es ist so traurig, die Lichter dieses erleuchteten Geistes erlöschen zu lassen, sich nicht zu erinnern und so sich in einem Körper zu verfestigen, die Helligkeit des wahren Lebens aufzugeben, in der Form der Materie zu schlafen, während die Himmel singen – und es nicht zu hören.

Ich wurde der Schreie gewahr, als ob ich aus einem langen, schweren Alptraum erwachen würde. Ganz allmählich hörte ich deren Intensität und Höhe; ich fühlte mich jedoch in einem gefrorenen, bleiartigen Zustand gefangen.

Die Schreie kamen anfänglich von weit her, doch als ich genauer hinhörte, schienen sie sich fortwährend zu nähern, bis sie sich mit etwas Unergründlichem verbanden, das aber irgendwie zu mir gehörte. Plötzlich entflammten wir zu einem glühend-heißen Feuerball – dann nichts.

Und wieder verstärkte sich der Schall, bis er mein Bewußtsein nahezu auslöschte. Ich sprang aus dem bewußten Zustand heraus, dann wieder hinein und erwachte abrupt mitten in einem dieser Schreie, und mich packte die bestürzende Erkenntnis, daß diese entsetzlichen Töne von mir ausgingen. Ich bemühte mich herauszufinden, wie ich diese Schreie erzeugte.

Es war ein vibrierender Mechanismus, der sich unweit von meinem Bewußtseinspunkt befand. Im Nu befand ich mich in diesem Klangfeld und fühlte die kreischenden Schockwellen durch mich hindurch und in alle Richtungen schwingen. Ich selbst war der Schrei.

Nun änderte sich die Richtung meiner Energie, und ich fand die Ursache des Schreis. Mein Bewußtsein wurde geschmolzen und durch die Spitze eines Diamantkristalls in einen sterblichen Körper gepreßt: in eine menschliche Form. Es war der Aufprall auf jenen Punkt an der Spitze des Diamanten, der den Schrei auslöste.

Schmerz, unerträglicher Schmerz raste durch mein Bewußtsein. Es war ein dynamisches Lichtmedium – der eigentliche Lebensimpuls –, das in eine Mauer dichter Materie, aus der Dunkelheit der Verleugnung herausgemeißelt, geschleudert wurde.

Der Schmerz gehörte beiden Körpern. Im feurigen Schmelztiegel wurde das Licht zu einem dichten Körper geformt; durch einen verzehrenden, langsamen Brand wurde es inkarniert. Die Einschmelzung meines Lichtkörpers war der Grund für diese qualvollen Empfindungen und erzwang das Schreien als Reaktion. Das Erlebnis wiederholte sich immer und immer wieder in einer Art Zeitlupentempo, als ob es wesentlich wäre, daß sich meinem Bewußtsein einprägte, wie die Fleischwerdung vor sich geht – nicht aus dem Blickwinkel der erhabenen Aussage der Seele, sondern aus der Wirklichkeit der materiellen Welt.

Wir sollten daraus nicht folgern, daß Inkarnieren mit Schmerz bestraft wird, sondern die energetischen Gleichungen des Manifesten und Nichtmanifesten beobachten. Da der Schmerz entsteht, weil wir der Materie Widerstand entgegensetzen, bezieht sich das auf höherer Bewußtseinsebene eher auf die geistige Schärfe als auf die sinnlichen Erfahrungskanäle. Ich wehrte mich ganz entschieden gegen die Verlangsamung und erlebte dafür entsprechende Konsequenzen.

Es ist absolut nicht so, daß jede Inkarnation mit Schmerzen beginnt. In Wahrheit wird diese Einschmelzung durch die fließende Energie der bewußten Zielsetzung begleitet, die bei der Übertragung nicht verlorengeht, nämlich den Himmel auf die Erde zu bringen, bedingungslose Liebe zu lehren, göttliche Gesetze sowie unendliche und heilige Absichten zu manifestieren.

Der eingangs erwähnte Körper gehörte in die Zeit Christi, die Epoche vor bald zweitausend Jahren, als die menschliche Form in einer Art langsamen Schwingung verkrustet war, die einen sehr hohen Grad physischer und psychischer Dichte hatte. Der Zweck der Mission war, eine neue Leichtigkeit in das Erbgut der Menschheit einzubringen. Die evolutionäre Alchimie ist stets an verschiedenen strategischen Punkten aktiviert worden, wenn jeweils die bestehende genetische Struktur der Arten sich nicht genügend gut angepaßt hatte, um das Überleben oder einen heilsamen Fortschritt sicherzustellen.

Diese Alchimie kommt nicht durch willentliche Eingriffe zustande, sondern durch feinstoffliche Kanäle genetischer Stränge, die besamt werden und die einfach darauf warten müssen, daß die kritische Masse erreicht wird, das heißt, daß genügend entscheidend wichtige Elemente vorhanden sind, um sie direkt zu aktivieren. Dann treten diese Eigenschaften in einigen Menschen, den Vertretern einer bestimmten Gattung, zutage und werden sichtbar. Diese Menschen dienen dann als Vorbild für diese Variante, und zwar derart, daß andere sich bewußt für die beispielhaften Eigenschaften entscheiden. Dies kann nur Augenblicke oder Tausende von Jahren in irdischer Zeitrechnung dauern.

Vielleicht haben Sie sich darüber vorher keine Gedanken gemacht, aber Sie wissen, daß Sie dies direkt erlebt haben. Denken Sie doch daran, wie Sie von einer Idee erfahren haben oder wie jemandem etwas zustieß, und wie Sie dann plötzlich genau wußten, was es damit auf sich hatte, weil es Ihnen selbst geschehen war. Doch bis zu jenem Augenblick waren Sie nicht imstande gewesen, es in einem Zusammenhang zu sehen, um zu verstehen, was es bedeutete. Doch plötzlich wird alles klar, und man weiß alles darüber, als ob es immer schon auf der Hand gelegen hätte. Weil wir uns dessen bewußt sind, wird es plötzlich ein Teil unseres eigenen Repertoires.

In Wahrheit befruchten wir uns laufend gegenseitig. Manchmal verleiten wir die anderen zu einem Schachspiel, bei dem wir schon sämtliche Züge durchgeplant haben und das Resultat voraussagen können. Dies grenzt an Manipulation, die außerhalb des kosmischen Gesetzes liegt, doch wir tun es, weil wir glauben, daß wir ein Recht darauf haben, das Beste zu wählen – für uns; für andere nicht!

Die anderen Wesen, die uns besamen, stecken im gleichen Zwiespalt, und einige von ihnen haben dazu gedient, uns zu befreien, während andere der Menschheit nur trübende Verwirrung gebracht haben.

Die Aufgabe, diese neue Saat zu säen, wird jeweils von Gruppenseelen übernommen, die sich zusammenschließen, um die Aufgabe zu lösen. So war es mit uns, und jeder spielte seine Rolle im großen Zusammenhang.

Meine Rolle war, mit dem genetischen Material in direkten Kontakt zu treten und es für den Samen zu öffnen. Ich tat dies, indem ich die sexuellen Verhaltensmuster dieser Menschen übernahm, um Zugang zur Ursprungsmatrix zu finden. Ich ließ mich auf viele sexuelle Experimente ein, um das Doppelspiralmuster der Erbmasse genauestens zu erforschen.

Obwohl mein Körper genauso aussah wie der einer Frau irdischen Ursprungs, war mein biochemisches System anders – eine Tatsache, die zwar meine Arbeit erleichterte, mich aber auch in Schwierigkeiten brachte. Es fiel mir schwer, mich an den typischen Geruch der irdischen Leiber zu gewöhnen. Es war ein starker Geruch, wenig verschieden von dem der Tiere, die sie hielten, doch unangenehmer wegen der Mischung der Gerüche. Im Gegensatz dazu war mein Körper von einem Hauch parfümierten Taus umgeben. Das war ein verlockendes Anziehungsmittel für die Männer, ja sogar für die Frauen, und es brachte sie dazu, in eine Art wilde Raserei zu geraten.

Ich begann meine Reise hier als junges Mädchen, das einem bestimmten Mann gern auf den Knien saß. Zusammengerollt in seinem Schoß wie eine schlafende Schlange, konnte ich seine sämtlichen sexuellen Vorlieben und Erfahrungen mit einer Art Scanning-Technik direkt aus seinem Körper aufnehmen. Auf einer gewissen Seinsebene wußte er, was ich tat, und erleichterte mir sogar den Zugang zum Geist seiner Zellen.

Er saß zuweilen ganz still, bis ein bestimmter Strom wild durch ihn zu pulsieren begann, dann sprang er plötzlich auf und eilte davon, um seine Frau zu suchen. Manchmal beobachtete ich seine Leidenschaft.

Durch den Sexualakt konnte ich die Chromosomen und Gene direkt sehen. Auch während ich diese Geschichte erzähle, kann ich sie immer noch erkennen, als ob sie ständig vor mir schwebten.

Sobald ein Mann sein Glied in mich einführte, gerieten wir beide in einen Trancezustand. Ich war jeweils absorbiert in ein Feld aus verschiedenen genetischen Strukturen. Es gab L-förmige, halbmondähnliche und ineinander verflochtene Spiralen sowie andere Formen in verschiedenen Schattierungen gedämpfter Grün-, Braun- und Orangetöne. Sie vermittelten mir biochemische Zusammenhänge in bezug auf Temperament, körperliche Reize, Familiengeschichte, Felddynamik und andere Arten von Informationen, die ich nicht beschreiben kann, weil die Naturwissenschaftler sie noch gar nicht entdeckt haben. Vor kurzem hatte ich die aufregende Offenbarung, daß diese genetischen Strukturen Repliken der Sternkonstellationen am Himmel sind. Vielleicht werden sie uns den Schlüssel zu unserer kosmischen Herkunft liefern.

Jede sexuelle Begegnung lieferte mir einen bunten Bildteppich an Informationen, die zeigten, was aktiviert oder neu eingebracht werden sollte, um die Spezies weiterzuentwickeln. Leider ließ sich das, was durch Eigenerfahrung oder »zufällig« in die Menschheit eingeflossen war, nicht mehr von außen her entfernen. Diese Tatsache verursachte ungeheure Unterbrüche in der genetischen Evolution.

Das Gesetz der Nichteinmischung hat dazu geführt, daß ganze Heldenepen durch der Evolution entgegenlaufende Eigenschaften ruiniert wurden, so daß sie nunmehr von der Menschheit aus eigenem Antrieb aufgearbeitet und entschärft werden müssen.

Wir können auch heute gewisse zerstörerische genetische Faktoren erkennen, wenn wir beobachten, wie verschiedene Gruppen sich gegenseitig zu vernichten suchen. Ihre Denkformen sind die ihrer Vorfahren. Durch dauernde Wiederholung wurden die alten Denkformen aktiviert und in eine Welt hinübergetragen, in der sie sinnlos sind.

Obschon meine Aufgabe darin bestand, meinen Körper als menschliches Laboratorium einzusetzen, hatte ich nicht beachtet, wie sehr ich die Wirklichkeit der Menschen jener Ära in mein eigenes Bewußtsein übernommen hatte. Der rohe Emotionalkörper der Menschen besaß eine derart starke und heimtückische Kraft, daß er die Matrix meines eigenen Gefährts beeinflußte. Zorn, Neid, Trennungsgefühle auf verschiedenen Ebenen verflochten sich derart mit meinem körperlichen Dasein, daß es diese zweitausend Jahre dauerte, sie wieder zu tilgen.

Viele jener negativen Ausdrucksweisen entstanden durch die Frustration des bewußt Gefangenseins, unter der alle Menschen leiden, weil der Schleier des Vergessens das grenzenlose, allumfassende Einssein verdeckt. Die Illusion des Getrenntseins verursacht tiefe Angst, die die Menschen dann hinter dem Zorn verstecken.

Kennzeichnend für die Menschen ist die quälende innere Stimme des brüchigen Ego. Tragischerweise dreht sich bei ihr immer alles um den Mangel, das Negative, die unsichtbare Gefahr. Dauernd flüstert diese Stimme versteckte Anspielungen und lenkt die Aufmerksamkeit des Verstandes auf die vorwurfsvollen, rechtfertigenden und ihre Macht bedrohenden Aspekte, die sie einsetzt, um ihre Selbstgerechtigkeit und ihren Zorn zu legitimieren.

Ich muß zugeben, daß ich aufgrund des Erlebens meiner

körperlichen Beschränkung selbst einen beachtlichen Zorn hegte. Während mehrere meiner galaktischen Teamkollegen gewisse Elemente ihrer Lichtkörper behalten hatten und noch ausführen konnten, was die Menschen in großer Ehrfurcht als »Wunder« bezeichneten, war ich ganz der Erde verhaftet in einem Körper, der das Eindringen eines Penis brauchte, um sich verbunden zu fühlen und das Einssein zu erleben.

Einer meiner Teamkollegen hatte die Aufgabe, durch die Demonstration des Lichtkörpers das Bewußtsein der Erdbewohner zu erwecken, damit sie das kosmische Gesetz erkennen konnten. Um dies tun zu können, mußte er in den Gesetzen der Erdenphysik ausgebildet werden. Er wurde vor die großen Meister auf irdischer Ebene gerufen, um die der menschlichen Form eigenen Transmutationen zu lernen und welche Fähigkeiten als Vorbild nützlich sein könnten.

Obschon sein Energiewesen die kosmische Kraft umwandeln konnte, mußte er noch im irdischen Zusammenhang ausgebildet werden. So lernte er die Kunst der Manifestation und Bilokation, Verwandlung der Materie und atomare Heilung, wie sie der menschlichen Absicht entsprachen. Während all seiner Reisen behielt er seinen Lichtkörper aktiviert, und oft übte er seinen Einfluß auf die Außenwelt von seiner Meditationshöhle in luftiger Höhe aus.

Als er seinen Leib verließ und ins Licht aufstieg, war ich zutiefst niedergeschlagen und gleichzeitig wütend. Als ich seinen Weggang spürte, wurde mein Körper von einem äußerst traurigen Gefühl befallen. Darauf folgte eine so heftige Wut, daß ich mit reiner Willenskraft den gigantischen Stein wegstieß, hinter dem sein Leib versteckt war. Dort lag die nackte Wahrheit seiner Befreiung und meiner Hörigkeit.

Nur ein einziges Mal in diesem Leben habe ich die gleiche Energie in mir gespürt: als mich ein Angreifer attackierte. Ohne bewußten Willensakt meinerseits ging von meinem Solarplexus ein laserartiger Stoß aus und warf ihn zu Boden. Ich hatte ihn körperlich nicht berührt, und diese Erkenntnis erschreckte uns beide. Interessanterweise entsprangen beide dieser kinetischen Taten einer Quelle der Wut. Ich sehne mich danach, diese Kraft aus einem Zustand der Bewußtheit heraus anzuwenden. Die Kunst, Materie zu bewegen, ist der Menschheit seit Äonen bekannt, und eines Tages werden wir sie meistern lernen.

In jenem Leben konnte ich diese Kraft nicht in einen beliebigen Willensakt umsetzen. Obwohl ich verzweifelt aus meinem Körper austreten wollte, konnte ich die körperliche Ebene nicht so überwinden, wie dies mein Gefährte tat.

Ich war weder von einer Frau geboren worden, noch hatte ich selbst Kinder geboren, und ich konnte deshalb nicht einfach alt werden und sterben. Ich war durch den Einschmelzprozeß gegangen und als Mädchen im Alter von etwa acht Jahren auf der Erde erschienen. Da der Zweck jener Inkarnation in der Aufzeichnung des Erbgutes über die sexuellen Ströme der Menschen bestand, war meine eigene sexuelle Energie schon vom Augenblick des Einschmelzens an hochkonzentriert. Als ich mich nun bemühte, mich aus jenem Körper heraus- und hochzuziehen, war mir, als ob das Gewicht sämtlicher menschlicher Gene mich niederdrückte. Es war eine Art bleierne Trägheit, die ich einfach nicht zu überwinden vermochte.

Der Schock, zurückgelassen worden zu sein, versetzte mich in eine Art katatonischen Zustand, aus dem heraus ich die weiterhin von meinen Teamkollegen gewährte Unterstützung nicht erkennen konnte. Unser Team war durch ein Lichtenergie-Übertragungsnetz miteinander verwoben, und ich konnte in jener unwirtlichen Umgebung ohne die Kraft dieses Zusammenhalts nicht weiterleben.

Das Bild meines kraftlosen irdischen Körpers, zusammengekauert an einem Abhang, in einen vergißmeinnichtblauen Schal gehüllt, ist mir noch heute lebhaft in Erinnerung. Diese Farbe hat in mir immer eine tiefe emotionale Reaktion hervorgerufen. Wenn ich sie sehe, setzt mein Herz einen Schlag lang aus, und ich empfinde den tiefen Wunsch, sie vollständig in meinen Körper aufzunehmen. Den Ursprung dieser intensiven Emotion zu erkennen hatte eine große Heilwirkung.

Meine Verzweiflung auf irdischer Ebene entsprach einer enormen Intensität des Gedankenaustauschs mit meinem Partner, der in höhere Bereiche aufgestiegen war. Ich mochte nicht essen, konnte mich nicht bewegen, doch blickte ich dauernd in die Höhe und flehte ihn an, für mich die Energieübersetzung vorzunehmen, die ich brauchte, um wieder voll bewußt zu werden. Schließlich befreite er mich aus jenem Körper und hob mich aus der dreidimensionalen Welt heraus.

Das Herausschmelzen aus dem Körper war ein viel sanfteres Erlebnis als das Eintreten in die Form. Es war wie ein großer kosmischer Seufzer. Als der irdische Körper von mir abfiel und ich wieder frei im Meer des Bewußtseins schweben konnte, spürte ich unendliche Erleichterung, von der Last jener dichten Wirklichkeit befreit zu sein. Ich wurde überschwemmt von der grenzenlosen Liebe und dem Einssein, die uns alle erwarten, wenn wir zum Ursprung zurückkehren.

Mein ganzes Leben lang empfinde ich diese Freudenwelle immer wieder, wenn ich in den Himmel hinaufblicke. Eine Woge unbeschreiblicher Ekstase katapultiert mich durch eine Art Lichtschranke und holt mein Bewußtsein aus dem Körper heraus. Heute schlafe ich mit einem Glasdach über mir, und ich empfinde oft das gleiche beschwingende Gefühl, wenn ich zur Milchstraße hinaufblicke.

Wir Erdenkinder sind derart versessen auf den Mythos des Getrenntseins, daß die Wahrheit unseres Einsseins schwer mitzuteilen ist. Weder unser »Selbst« noch unser physischer Körper sind unabhängige, getrennte Wesenheiten. Es ist eine Sinnestäuschung, wenn wir glauben, beim Durchschmelzen in die Form träten wir in einen dreidimensionalen Körper ein; in Wahrheit treten wir ein in eine fließende, lose verwebte Matrix von Teilchenkörpern, die sich gegenseitig informieren und unterstützen.

Der Mental-, Emotional-, physische und spirituelle Körper sind die Hauptfacetten dieses Seelenecho-Konglomerats. Alle bringen Erfahrungen und Themen mit sich, die mit anderen Körpern aus anderen Leben zusammenhängen und immer noch im Entwicklungsmuster der Seele kristallisiert sind. Aus dem Seelenecho innerhalb dieser vier Körper werden andere Körper geschaffen wie zum Beispiel der Urkörper, der Lichtkörper und der Shakti-Körper.

Der Urkörper ähnelt immer noch ziemlich dem, den wir vor zweitausend Jahren verwendeten. Es ist der Körper des Überlebens. Der Urkörper setzt die starke Kraft des Instinkts ein, um sich zu schützen und seinen Weg zu finden. Der Instinkt ist ein grundlegender Verteidigungsmechanismus, der sich hauptsächlich auf die Selbsterhaltung konzentriert. Er ahnt die Gefahr, aber auch potentielle Gelegenheiten in bezug auf die Fortpflanzung.

Der Urkörper ist der Sexualkörper, der alle Informationen hinsichtlich der Erhaltung der Art verarbeitet: wie er das Sperma in direkten Kontakt mit dem Ei locken kann. Sein Zweck ist es, sämtliche Aspekte der Paarung sicherzustellen, damit die Gattung weiterlebt.

Sie verstehen jetzt vielleicht, weshalb wir instinktiv erkennen, wenn uns jemand in Gedanken, aber ohne offensichtliche Gesten als potentiellen Sexualpartner abtastet. Dank dieser ursprünglichen Sexualströme wissen wir auch sofort, wenn eine Beziehung nicht mehr funktioniert.

Der Lichtkörper ist die Form des Geistes, der göttliche Funke der Seele. Er ist Wesen und Ursprung aller Strahlung. Er bringt uns das Flüstern aller Weisheit und die Anmut kosmischer Bewegung.

Der Shakti-Körper entsteht aus der Verbindung sexueller Energien mit dem Lichtkörper. Wenn die Sexualströme von den ursprünglichen Ebenen nach oben freigegeben werden, verwandeln sie sich in die Lebensfunkenkraft, die die kosmischen Feuer nährt. Es ist eine andere Art von Durchschmelzen, bei der der Körper aus seiner isolierten Form, seiner männlichen oder weiblichen Pose herausschmilzt und zur Lebenskraft wird, die imstande ist, sich göttlich zu verschmelzen. Der Shakti-Körper ist der elektrische Puls auf höherer Ebene, der die Erleuchtung durch Kundalini, kosmischen Orgasmus und die Glückseligkeit des umfassenden Einsseins möglich macht.

Wenn der Shakti-Körper erwacht, entwickeln wir auch die Art des Wahrnehmens, die notwendig ist, um die Seele ihre Mitte finden zu lassen und gleichzeitig die Außenränder unseres Hologramms zu liebkosen. Diese Schwingung befreit uns von unseren Schlafzuständen des Karma, so daß wir den Sinn unseres Lebens erleben können. Jeder Seelenkörper hat diese Fähigkeit, auch wenn sie über viele Leben hinweg im verborgenen schlummern mag.

Wenn wir den Urkörper und den Lichtkörper miteinander verbinden, setzen wir den Shakti-Körper in Bewegung. Es gibt nichts Faszinierenderes als die direkte Rückmeldung unserer eigenen Körper. Man kann erstaunliche Selbsterkenntnis erlangen, indem man sich in der Meditation darin übt, mit diesen Körpern zu kommunizieren. Indem wir jeden einzelnen Körper bitten, Form anzunehmen, betreten wir die magische Wirklichkeit des schöpferischen Ausdrucks, in der die wesentlichen Eigenschaften der Körper durch irgendeinen unserer siebzig Sinne auf uns übertragen werden.

Versuchen Sie diese Meditation einmal selbst. Ich empfehle Ihnen, sie zunächst durchzulesen oder sie sogar auf Band zu sprechen, damit Sie wissen, was zu tun ist.

Suche dir einen ruhigen Ort, und atme in deinen Leib hinein.
(Lege dich nicht hin; du könntest sonst einschlafen.)
Lege deine Hände auf die Genitalgegend – das hilft dir, dich darauf zu konzentrieren –, und bitte deinen Urkörper, Form anzunehmen.
Atme tief, und entspanne dich.
Nimm die erste Form, die dir in den Sinn kommt.
Vielleicht siehst du, vielleicht hörst oder spürst du die Anwesenheit deines Urkörpers.
Er kann als Symbol, als Gegenstand oder als Farbe auftreten.

Gestatte dir, die Art seiner Energie wahrzunehmen. Ist er wütend, wollüstig oder vernachlässigt? Satt, froh oder ekstatisch?
Frage nun deinen Urkörper, welche Farbe er braucht, um in deinem Leben jetzt vollständig ins Gleichgewicht zu kommen.
Ziehe diese Farbe aus dem All durch deinen Scheitel in den Kopf und hinunter in die Magengegend (Sonnengeflecht), und von dort sende dem Urkörper diese Farbe wie einen Lichtstrahl. Sende immer weiter Farbe, bis die Körperform sich ändert oder sie sich voll anfühlt.
Rücke in deiner Vorstellung deinen Urkörper etwas zur Seite, und aktiviere deinen Lichtkörper.
Lege den Mittelfinger der rechten Hand ganz leicht über das dritte Auge (Mitte der Stirn).
Atme mehrmals tief ein und aus.
Du wirst ein Pulsieren oder einen Druck in dem Bereich spüren, wenn er aktiviert wird.
Bitte deinen Lichtkörper, für dich Form anzunehmen. Die Form des Lichtkörpers ist oft sehr verschwommen und amorph, doch seine Anwesenheit ist spürbar.
Frage deinen Lichtkörper, welche Farbe er braucht, um in deinem Leben jetzt vollständig ins Gleichgewicht zu kommen.
Atme die Farbe ein durch den Scheitel und aus über das Sonnengeflecht, hin zum Lichtkörper, und beobachte, was dabei geschieht. Wenn du meinst, du hättest nun genug Licht gespendet, plaziere vor deinem geistigen Auge den Lichtkörper dem Urkörper gegenüber.
Atme einmal tief durch, und bitte die beiden Körper, miteinander zu verschmelzen.

Wenn die beiden aufeinandertreffen und durch ihr Verschmelzen eine neue Energie schaffen, wirst du sehr wahrscheinlich eine Woge von Energie spüren.
Laß dich von diesem wundervollen Lebenssaft umspülen; dies ist die Lebensenergie des Shakti-Körpers.

Die Seele schmilzt ihr Wesenhaftes in die Form: in einen Körper. Der Körper schafft eine Formel für seine Lektionen, seine Absichten, seinen Zweck. Die äußere Struktur spiegelt diesen Zweck durch die Größe und die Gestalt, die Gesundheit und die Harmonie aller Organe und aller Teile wider.

Aus diesem Grund trägt jeder Körperteil durch sein elektromagnetisches Feld oder seine biochemische Strahlung die gesamte Geschichte in sich, eine Vorliebe für einen bestimmten Ausdruck oder einen Magnetismus, um Leute und Situationen anzuziehen, die der unauslöschbaren Erinnerungskomponente der Zelle entsprechen, die nie zerstört wird, sogar wenn die Zellen selbst auseinanderfallen.

Am Ende des Lebens schmilzt der Körper seine Form ein, und sie wird in der Akasha-Chronik archiviert, während das Wesenhafte in den Kosmos hinaus entflieht. Obwohl im Todesprozeß das Zellformat aufgelöst wird, werden die emotionale und spirituelle DNS wieder zurückgeholt und in der Akasha-Chronik registriert, so daß sie erneut ausgegeben und mit jeder anderen von der Seele entworfenen Körperstruktur oder jedem anderen Körperbau wieder eingeschlossen werden. Der Inhalt der Akasha-Chronik wird zum Schmelztiegel, in dem die Seele herausgefordert wird, sich ihren Weg durch die karmische Aufgabe hindurch zu ihrer eigenen Initiation zu bahnen.

3 Der Körper spricht

Wir waren am Ende angelangt; nur noch eine oder zwei Fragen waren zu beantworten.

»Wo hältst du diese Erinnerung an die Verbindung in deinem Körper fest?« Tränenreiche, tiefe Schluchzer kamen hoch und füllten den Raum. Dann Stille.

»Überall«, flüsterte er, kaum hörbar. »Mein Körper ist voll davon ... Ich spüre mein Herz zittern ... Sie wohnt in meinen Augen und ganz unten in der Magengrube. Meine Haut wird liebkost in rosa Licht.«

Wieder rollten die Tränen ungehindert auf das Laken.

Mein eigenes Herz hielt den Raum, als ich beobachtete, wie er aus seinem früheren Selbst wie eine flimmernde Luftspiegelung auftauchte.

Nun würde es keine Rolle mehr spielen, wie schwierig die Dinge auch waren. Er hatte sich befreit, indem er diese machtvolle Beziehung zu seinem eigenen göttlichen Ursprung erlebt hatte. Nach einem unauslöschlichen Augenblick seufzte er tief und lag dann noch eine Weile still auf dem Behandlungstisch. Als ich sein Aurafeld glattstrich, blickte ich in seine eben aufgeschlagenen Augen und dachte: »Wie rein und schön sind doch die Augen der Seele!«

»Wo hältst du die früheste Erinnerung an Liebe fest?«

»Auf meinen Lippen«, flüsterte sie. »Ich spüre, wie sie zittern, als ob sie von Tausenden von Nadelspitzen elektrisiert würden. Ich sauge an der Brust meiner Mutter. Ich kann die warme, süße Milch riechen ... Liebe umfängt mich, sanft und stark ... Ich spüre eine Berührung auf meinem Kopf. Es ist die Hand meines Vaters. Er schickt mir Licht, rosa Licht. Er liebt mich ebenfalls.«

Tränen ... Begleiter der heilenden Kraft.

»Wo hältst du die Erinnerung an diesen schönen Tod in dir, als du deinen Körper niederlegtest und in den Himmel aufstiegst?«

»Oben an meinem Scheitel. Es fühlt sich an wie eine sanfte Brise. Mein Kopf ist offen. Es fühlt sich frisch und klar an ... Ich möchte weinen; es ist alles so leicht ... so ekstatisch! Es sieht so friedlich aus. Es ist wunderschön! Das Licht, das Licht flutet um mich und durch mich hindurch! Ich platze; ich stiebe als Milliarden von Funken in alle Richtungen ... Ich bin das All!«

Lassen Sie den Körper sprechen, und er wird Ihnen Bereiche reiner Ekstase und des Lichts zeigen, ja sogar den Ursprung der Gedanken. Der Zellgeist ist der Verbindungsgang zwischen der Materie und dem Nichtmanifesten. Er enthält den Bauplan, nach dem die Seele sich in der Form zu zeigen beabsichtigt. Fragen Sie sich, woher Sie kommen, und Ihr Körper wird Sie in den Kosmos hinaus in Ihr ureigenstes Wesen hineinwirbeln.

Ein derartiges Erlebnis der Glückseligkeit kann zur Kraft werden, die Ihre Wirklichkeit wandelt. Vielleicht bedarf es einer neuen Art von Bewußtheit, um zu erkennen, daß diese großartige Energie in Ihnen selbst vorhanden ist und nicht von etwas außerhalb von Ihnen abhängt oder ihren Ursprung hat! Sie haben diese Art der Erinnerung in Ihrem Zellgeist, und wenn Sie Ihren Körper darum bitten, wird er Ihnen helfen, sie zu finden.

Jeder Mensch, der zur Zeit auf Erden weilt, hat bereits Inkarnationen der Erleuchtung erlebt, in denen er diese ekstatischen Ebenen erreichte. Auch unser jetziges Leben bietet uns viele Augenblicke großer Freude. Es ist schwer zu glauben, daß wir uns nicht an sie erinnern. Die höheren Emotionen entfliehen so schnell, und es ist schwierig, sie im Bewußtsein zu bewahren, weil ihre Schwingung sehr schnell ist im Gegensatz zu den niedrigeren Emotionen, die langsam und schwer sind. Die Intensität der negativen Zustände überschattet die höheren Empfindungen, obschon sie immer noch verkapselt vorhanden sind und nur darauf warten, daß wir uns ihrer bewußt werden.

Man kann lernen, wie man den Zugang zu den höheren Emotionen findet und diese dazu benutzt, die Frequenz des Körpers einzustellen. Das ist sehr wichtig, denn unsere Frequenz ist der Lichtstrahl, der sämtliche Erfahrungen herbeiruft. Die höheren Schwingungen sind Teil unseres Körpergefüges. Stellen Sie sich einmal die Ekstase im Augenblick Ihrer Empfängnis vor! Sie ist immer noch anwesend in den Trillionen Zellen, die aus jenem ersten befruchteten Ei hervorgingen!

Es gibt nichts, was Ihr Körper nicht schon kennt, an das er sich nicht auf irgendeiner Seinsebene erinnert, vom Augenblick der Empfängnis an und weiter zu den Erfahrungen in unzähligen Leben. Wie ein Traumcomputer mit unbegrenzter Speicherkapazität kann der Körpergeist nie so voll sein, daß er nicht noch etwas aufzuzeichnen vermöchte. Er enthält alle Erfahrungen und alle Relativität. Er kann einzelne Erinnerungen, Wünsche und Assoziationen hervorholen in einer endlos wirbelnden Masse von Lebensenergie. Diese Erinnerungen sind wie ein Echo aus unserem Wesenskern, das weiterklingt und unser ganzes Leben beeinflußt.

Körperecho

Unser Körper nutzt den Nachhall seiner Erfahrungen, um sein Schicksal zu erkennen und sich selbst als Ausdruck der in ihm wirkenden Energien zu beschreiben. Dies ist eine Art Körperecho, das die im Zellgeist aufgezeichneten Erinnerungen verstärkt und sie als leiblichen und emotionalen Ausdruck an die Oberfläche holt. Der Körper baut sich genau gemäß dieses Echos auf, indem er Situationen anzieht, die diese Selbstidentifikationen bestätigen und immer wieder andere Wiederholungsmöglichkeiten schaffen.

Ein Echo von großem Einfluß sind die Prognosen anderer. Vater oder Mutter, ein Lehrer, ein Freund macht vielleicht eine Bemerkung über uns, und das bleibt auf ewig an uns haften. Auch wenn wir die Episode längst vergessen haben, hallt ihr Echo im Inneren unseres Wesens nach.

Ich erinnere mich an einen Tag – ich war damals einundzwanzig Jahre alt –, als ein Augenarzt mir sagte, ich werde mit vierzig Jahren nicht mehr lesen können, da ich dann nahezu blind sein würde. Dies versetzte mich in eine tiefe Depression, denn Lesen gehörte zu meinem Alltag. Nach mehreren Tagen der Trauer gab mir mein Höheres Selbst eine

Botschaft, die ich überhaupt nicht verstand. Es sagte: »Du bist das Buch!«

Von jenem Augenblick an kriegte ich Kopfschmerzen beim Lesen, und ich las schließlich nur noch Fachliteratur. Ich begab mich häufiger hinaus in die Natur, wo meine Weitsichtigkeit mein Wahrnehmungsfeld erweiterte. Ich begann, immer mehr zu »tagträumen«. Ich hatte Visionen, und großartige kosmische Gespräche begannen mit meinem Bewußtsein zu spielen.

Doch die Vorhersage saß in mir fest, und ich sah wirklich schlecht, wann immer es sich um irgend etwas Geschriebenes handelte. Vielleicht ist ein Teil des Verschwommensehens eine Berufskrankheit im Zusammenhang mit dem Sehen energetischer Felder, aber auch darin zeigt sich nur, daß die Prophezeiung erfüllt wird. Kürzlich lernte ich einen Mann kennen, der mir erzählte, er habe nur noch 20/200 gesehen, bis ihm eines Tages klar wurde, daß seine schlechte Sehkraft nur eine Gedankenform war. Und da sich unsere Zellen in einem Siebenjahreszyklus erneuern, fand er, daß er seine Sehkraft erneuern könnte, wenn er sich nur auf die neuen Zellen konzentrieren würde. Er begann, dies seinen Augenzellen zu signalisieren, und heute ist er stolz darauf 20/40 zu sehen! Was für ein prächtiges Beispiel dafür, wie unser Bewußtsein unsere Körperechos beeinflussen kann, die sich aus alten Gedankenformen, Prophezeiungen und Vorhersagen zusammensetzen.

Halten Sie einmal inne, und fragen Sie sich, welche Prophezeiungen Sie verinnerlicht haben und welche von anderen auferlegten Voraussagen Sie in sich speichern. Gibt es da Echos wie zum Beispiel: »Das schaffst du nie«, »Du bist dumm«, »Du hast ein Brett vor dem Kopf«?

Es stimmt, daß wir Menschen aufblühen, wenn Negativität uns zum Wachsen anstachelt – aber das braucht nicht so zu sein. Wir könnten auch genausogut durch große Freude und Vergnügen lernen. Letzten Endes spiegelt jede Erfahrung die Absicht der Seele wider, und Körperechos können Erkenntnisse großer geistiger Tiefe vermitteln.

Als energetische Prägungen sind die Körperechos nicht auf Ihren jetzigen Körper beschränkt; sie sind ebenso das Echo *aller* Körper, die Sie sich je geschaffen haben. Sie enthalten große Liebe, Weisheit, Mut und Klarheit. Über die Kanäle des Körperbewußtseins können wir diese positiveren Echos wieder hervorholen und sie stimulieren, damit sie jetzt ihre Wirkung auf unser Leben ausüben.

Wenn Ihr Bewußtsein den Erinnerungspunkt berührt, der diese Art von Empfindungen speichert, geschieht im Körper eine Veränderung. Er vibriert, kichert, seufzt; er wird glücklich und heil. Können Sie sich vorstellen, wie herrlich es ist, wenn man derartige Gefühle körperlich erlebt? Unser Leib ist ja so gern bereit, uns eine Palette von Ausdrucksweisen zu zeigen, die wir vielleicht längst vergessen haben oder von denen wir keine Ahnung hatten.

Das Buch des Lebens ist faszinierend. Versuchen Sie doch jetzt gleich einmal selbst, eine Erinnerung für sich herauszupicken, und sehen Sie, was Ihnen dabei in den Sinn kommt. Nehmen wir einmal die Frage der Liebe, da sie für unseren Aufenthalt auf Erden ein so wichtiges Thema ist.

Atme tief ein, als ob du mit einem einzigen Atemzug deinen ganzen Körper füllen wolltest.
Bitte nun deinen Körper, dir den Körperteil zu zeigen, der deine Erinnerung an Liebe in sich festhält.

Entspanne dich, und sei empfänglich für jede Art von Signalen, die dir dein Körper geben mag.
Wiederhole die Frage: »Wo halte ich eine Erinnerung an Liebe fest?«
Vielleicht spürst du eine Empfindung in einem Körperteil; vielleicht hörst du im Geist ein bestimmtes Wort; vielleicht regt sich etwas im Hals, Magen, in den Händen oder sonstwo.
Vielleicht siehst du einen Körperteil.
Welcher Eindruck sich auch melden mag, richte dein Bewußtsein auf jenen Teil deines Körpers.
Stell dir vor, du atmest durch diese Stelle ein und aus, und gleich wirst du erleben, wie die Erinnerung ans Licht tritt.
Vielleicht erstaunt dich, was sich dir offenbart. Es mag eine Erinnerung sein, wie du Liebe empfingst oder Liebe gabst. Vielleicht ist es eine platonische Liebe, keine erotische. Möglicherweise ist es eine Liebesbeziehung zu einem Baum, mit einem Tier, einer Blume.
Gib dich dem Gefühl dieser Erinnerung ganz hin; erlebe, wie sie riecht, klingt, sich anfühlt, erinnere dich an die Berührung.
Wenn du dich von der Energie dieser Liebe erfüllt fühlst, befiehl den Milliarden von Zellen in deinem Körper, sich diese Energie *einzuprägen (nicht die Erinnerung als solche), so daß sie überall in deinem Leib anwesend ist.*

Gewisse Echos sind die Aufzeichnungen von Lehren, die Sie sich ausgesucht haben, um Karma auszugleichen, und sie sind möglicherweise schmerzlich für Ihre bewußte Psyche, die zum jetzigen Zeitpunkt nicht mehr diese Wahl treffen würde, weil sie deren Torheit erkannt hat. Das Vorhandensein dieser Aufzeichnungen beeinflußt aber Wiederholungsmuster, wobei man sich immer wieder in gleichen Situationen und Beziehungen findet, immer und immer wieder, ohne zu verstehen, weshalb.

Es steht uns immer frei, die Lektionen nach unserer eigenen Wahl zu lernen. Doch die emotionalen Energien der Leidenschaft und Schuld, die von vergangenen Inkarnationen gespeichert sind, setzen sich oft über unsere erleuchteteren Entscheidungen hinweg und verursachen ein erneutes Durchspielen innerhalb der gleichen Energiemuster wie vorher. Manchmal scheint es, daß wir immer genau die Dinge wiederholen, die wir zu vermeiden suchen.

Es ist das alte Lied des »Auge um Auge, Zahn um Zahn«, doch diesmal werden höchstwahrscheinlich wir selbst die Folgen tragen, und wir selbst erlegen uns die Strafe auf. Die emotionalen Assoziationen und Schlußfolgerungen, die im Zellgeist lauern, bringen zerstörerische Energien hervor, die Negativität magnetisch anziehen. Glücklicherweise kann man davon loskommen, wenn man herausfindet, wo sie im Körper gespeichert sind, und sie löscht. Man kann sie durch die Macht des Bewußtseins und die Kraft des Lichts konkret hinausspülen.

Körperbilder

Körperechos sind Teil tieferliegender Verhaltensmuster, die man Körperbild nennt. Es ist ein unendlicher Bilderteppich aus Sinneseindrücken und Bereichen der Wahrnehmung, die ein holografisches Szenarium für die Seelenenergie schaffen. Der Körper spricht durch die Form, den lebendigen Puls aller Erfahrung, und die Seele ist darin. Das Körperbild umspannt den Horizont und bringt die spezifischen Szenarien unserer Lektionen, die unsere Erinnerungen formen, in den Brennpunkt. Die Erinnerungen werden von unserem Emotionalkörper zusammengereiht, der die emotionale Intensität mit dem physischen Körper, mit Orten und visuellen Szenen in Zusammenhang bringt, die die Lebensgeschichte jedes einzelnen Körpers erzählen. Körperbilder verbinden uns mit der physischen Welt. Sie sind die Quelle der Déjà-vu-Erlebnisse, die man manchmal hat, wenn man an einen neuen Ort kommt und den Eindruck bekommt, man sei schon einmal dort gewesen.

Das Körperbild ist tatsächlich wie ein Landschaftsbild, doch stellt es unseren jeweiligen Körper in seinem eigenen Umfeld dar. Das Körperecho wäre dann beispielsweise die »Energie« eines Gefühls, das in einem bestimmten Körperteil festgehalten wird. Das Körperbild wäre hingegen das eigentliche Erleben dieser Energie, die Quelle jenes Gefühls. Man könnte die Leute und den Ort der Szene sehen, die Gerüche und andere sinnliche Wahrnehmungen registrieren, so wie man sie tatsächlich erlebt hat. Man würde das Körperbild sehen, als ob es eine Momentaufnahme wäre. Die ganze Episode wird dabei verkapselt, und wenn man sagt: »Führe mich zurück zu meinem ersten Erlebnis jenes Gefühls«, sieht man die ganze Szene genau so, wie sie sich zutrug. Jenes erste Erlebnis löste das netzartige Aktivierungssystem des Gehirns aus und wurde aufgezeichnet, so daß der Emotionalkörper alle folgenden Erfahrungen mit dieser Erinnerung in Beziehung setzte. Es ist immer noch kristallisiert und kann intakt aus dem Körper herausgeholt werden. Wenn es gelingt, ein Körperbild aufzubrechen und durch die Macht des Bewußtseins aufzulösen, verändert man sich selbst und die Art, wie der Körper die Wirklichkeit wahrnimmt, vollständig.

Phobien

Das oben Gesagte gilt beispielsweise für Phobien, bei denen einer Furcht kein direkter kausaler Anlaß zugrunde zu liegen scheint, und doch drückt sich die Phobie mit derart intensiven Reaktionen aus, daß der Körper durch sie gelähmt wird. Das phobische Echo hat jedoch einen Ursprung, auch wenn es von jemand anderem »geerbt« wurde oder die energetischen Spuren von jenseits des gegenwärtigen Körpers herrühren. Der betroffene Mensch erinnert sich in der Regel nicht an die Quelle der Angst, sondern nur an die lähmende Wirkung auf ihn. Wenn das entsprechende Körperbild freigelegt und freigelassen wird, verschwindet faszinierenderweise gleichzeitig auch die Phobie!

Folgendes Beispiel zu den Auswirkungen einer Phobie auf die Psyche wurde mir von einer meiner Schülerinnen, einer Künstlerin, geliefert. Ihre Phobie: eine außergewöhnliche Angst vor Hühnerfedern mit einer damit einhergehenden Ablehnung und Angst vor traditioneller afrikanischer Kunst, wobei sie die Farben Gelb, Rot, Braun und Schwarz verabscheute.

»In meiner frühesten Kindheit versetzte mich alles, was mit Hühnern zu tun hatte, in panische Angst. Ich konnte nicht mit Daunendecken oder federgefüllten Kissen schlafen, und ich empfand sie als schmutzig. Ich hatte Alpträume, in denen ich von dunklen Gesichtern gejagt wurde, und nahezu zwei Jahre lang wachte ich jede Nacht auf. Zwar erlaubten mir meine Eltern, bei ihnen im Zimmer zu schlafen, wenn ich krank war, aber ich fürchtete mich sehr vor den afrikanischen Statuen in ihrem Zimmer und spürte, daß mich diese krank machten.

Als ich älter wurde, verachtete ich afrikanische Kunst, obschon mich afrikanische Menschen interessierten und ich sie schöner fand als mich, die so fad aussah.«

Sitzung zur Aufdeckung des Ursprungs ihrer Phobie: »Ich sehe Farben, hauptsächlich Orange, Rot, Gelb, Braun und Schwarz. Ich sehe einen Afrikaner vor einem Altar stehen. Die Szene ist in denselben Farben gehalten, die ich zuerst sah. Auf dem Altar liegt eine Frau; ihr Körper ist bedeckt mit Hühnerfedern und Blut. Ich bin der schwarze Mann. Ich bin ein Voodoo-Priester … Die Frau starb im Verlauf des Rituals. Ich schnitt ihr die Kehle durch … Ich sehe viele häßliche Statuen aus schwarzem Holz. Viele Menschen sind in Höhlen eingeschlossen. Sie sterben auf meinen Befehl hin … Ein älterer Priester tötet die Hühner und fängt das Blut auf und sammelt die Federn für das Ritual. Er muß auch bestimmte Fähigkeiten haben. Das Ritual erfordert bestimmte Schritte … Ich spüre nichts außer einem Gefühl der Macht. Ich erkenne die Lebenskraft in Frauen. Ich will sie haben … Am Ende der Sitzung entlasse ich alle Menschen, die ich in jenem Leben getötet habe, ins Licht. Ich lasse auch den gefangenen Geist des afrikanischen Priesters frei.«

Resultate: »Ich empfinde Federn nicht mehr als schmutzig. Ich begann zu verstehen, weshalb Federn in anderen Traditionen als heilig gelten. Ich empfand eine unglaubliche Befreiung von Schuldgefühlen und Selbstverdammung. Sogleich nach der Sitzung spürte ich nachts eine höhere Energie in meinem Körper. Ich entdeckte, daß ich mit meinen Händen heilen kann.«

Rückblenden

Rückblenden sind eine weitere interessante Form von Körperbildern. Unvorhergesehen, aus dem Nichts, überwältigt plötzlich ein dramatisches Geschehen den Gesichts- oder Gehörsinn und sperrt alle anderen Sinnesreize aus. Es kann geschehen, wenn man Streß oder Angst empfindet, denn solche Zustände regen den Emotionalkörper an, seine Assoziationskräfte überlappen zu lassen. Manchmal geschieht dies während wir schlafen, wie ein Alptraum, doch manchmal auch während unseres normalen Wachzustands. Zeit scheint kein Faktor zu sein, da sich Rückblenden lange nach der ursprünglichen Erfahrung wieder einstellen. Es ist eine schreckliche Wirklichkeit, unter der viele Kriegsveteranen leiden, und sie läßt sich nicht mit Medikamenten abstellen, sondern nur indem das Körperbild energetisch entschärft wird.

Drogenverursachte Rückblenden sind ebenfalls schwächend und verwirrend, weil sie mit Bildern auftreten können, die sich nicht auf die physische Realität beziehen, sondern womöglich nur ein emotional geladenes Feld von Farben oder Mustern sind. Rückblenden können einen Menschen an den Rand des Wahnsinns treiben, und sie verschmutzen auf jeden Fall die seelischen Kommunikationswege.

Das Körperbild besteht aus all den Lebensvignetten, die unser Seelenthema umfaßt. Durch sein Fenster können wir unsere Gedächtnisverkapselungen von epischen Erkundungen in den Bereichen Liebe, Macht, Sexualität, Spiritualität und Lebenssinn betrachten. Körperbilder sind im Zellgeist enthalten und in den Geweben aller unserer Organe und Körperteile aufgezeichnet, die sie vollständig bewahren, auch wenn wir in eine andere »Körperwohnung« umziehen. Sie werden nicht gelöscht, wenn ein Körper stirbt. Sie sind in die geistige DNS eingeschlossen, die als Rohmaterial für zukünftige Szenarien und Körper dient.

Am Light Institute schauen wir uns die Körperbilder durch das Fenster der Mehrfachinkarnationen an. Für jede Inkarnation sucht sich die Seele einen Körper aus, der ihr gestattet, ihre Pläne zur Weiterentwicklung in die Tat umzusetzen. Die im Körper gespeicherten Erinnerungen an andere Leben sind derart stark, daß sie aufgrund ihrer magnetischen Kraft, gewisse Arten von Energie anzuziehen, tatsächlich unser Schicksal bestimmen. Die Szenen sämtlicher Erfahrungen und Themen werden in der Körperform niedergelegt. Letzten Endes bestimmen sie den energetischen Aufbau jedes weiteren Körpers.

Der Trick besteht darin, sich bewußt zu sein, was wir durch diese Erfahrungen und Themen lernen. Sonst werden wir immer wieder das gleiche tun, und da Millionen Körperbilder erforderlich sind, um eine Kapsel zu füllen, kommen wir nicht besonders schnell vorwärts. In dem Augenblick, da wir bewußt vorgehen und uns fragen: »Was lernte die Seele in welchem irdischen Leben?« und uns darauf konzentrieren, können wir die Erfahrungen vieler Leben in einem einzigen Leben zusammenbringen und das ganze All vom Punkt des Jetzt aus entfalten. Diese Kraft strahlt aus durch alle anderen Leben und löst die Angelpunkte oder verbindenden Kettenglieder zwischen Inkarnationsthemen auf. Der Angelpunkt ist die Schwelle zur Evolutionsspirale. Durch ihn laufen alle Fäden der Assoziation zwischen verschiedenen Leben, und wenn man einen davon herauszieht, braucht man alle anderen nicht mehr durchzuarbeiten. Sie können sich dann nicht mehr miteinander verbinden; das Gewebe ist zerrissen, und so wird das Karma beschleunigt und die Evolution eines bestimmten Themas vorangetrieben.

Die Körperbilder werden zu beeindruckenden Werkzeugen zum Verständnis dessen, was sich zur Zeit in Ihrem Leben abspielt. Wenn Sie über die Hauptthemen nachdenken, die sich Ihnen zeigen, und Ihrem Körper dann gestatten, Ihnen die damit zusammenhängenden Körperbilder zu zeigen, werden Sie eine sehr holografische Sicht davon erhalten, wie das Gesetz des Karma durchgespielt wird.

Durch thematische Sitzungen, wie wir sie am Light Institute praktizieren, können Sie die Quelle jedes Verhaltensmusters aufdecken, das bis heute andauert. Wir führen oft Seminare durch, die spezifisch darauf ausgerichtet sind, den Quellpunkt eines Themas aufzudecken, und dann klären wir es und lösen es vollständig aus dem Körper heraus.

Die Körperbilder eignen sich dazu, die im Körper gespeicherten Erinnerungen freizusetzen oder als verstandes- oder körperverändernde Energien zu verstärken, die unglaubliche Veränderungen im Erleben der Wirklichkeit bewirken. Diese atemberaubenden Begegnungen mit den tiefsten Energien des Körpers sind absolut real, und die Person, die sie hat, erlebt eine tiefgreifende Erweckung in bezug auf das Präsentsein in einem Körper. Es kann geschehen, daß sich der Körperbau von Menschen, die sich ihrer Inkarnationserinnerungen bewußt werden, vollständig ändert – einzig und allein, weil sie die entsprechenden Prägungen in ihrem genetischen Material aktivieren und der Leib sich umformt. Es gibt in jedem von uns Tausende von Körperbildern, und jedes spiegelt eine Facette des wahren Potentials und der Signatur dieses Menschen. Statt von allem Magischen abgeschnitten zu sein, kann es jeder in sich selbst erleben.

Wenn man diese phantastischen Zwiegespräche mit dem eigenen Körper beginnt und erfährt, wie deutlich seine Sprache ist, erkennt man auch, daß er die Geheimnisse der Seele in sich birgt. Der Körper drückt die Seele durch seine Struktur und Form aus. Er ist eine lebendige Straßenkarte, die uns Hinweise auf die in seinen Gliedern, seinen Organen und Zellen enthaltenen Geheimnisse gibt. Obwohl jeder Körper einzigartig ist, gibt es eine universelle Blaupause, die grundlegende Muster der Sinngebung enthält und die mit der Funktionalität der Zellgruppierungen und Körperteile in Beziehung steht. Diese Blaupause wird ihrerseits zu einer Art Körpersprache, die von physischen, emotionalen, geistigen und spirituellen Energien erzählt. Sich mit dem Bauplan befassen heißt, auf tiefster Ebene auf die Botschaft des Körpers zu hören!

Da der Körper holografisch und multidimensional ist, müssen wir bei der Konzentration auf einen bestimmten Bereich daran denken, daß wir diesen zwar auf einer einzelnen Ebene betrachten, diese aber durch die fließenden Energiekanäle auch mit anderen Ebenen oder Facetten in Verbindung steht. Obschon vielleicht auf vertikaler Achse die unterste und die oberste Ebene voneinander getrennt scheinen, berühren sich diese in Wahrheit über ein alles verbindendes Bewußtseinsnetz.

Die Konzentration des Körpers folgt den feinstofflicheren Kanälen der energetischen Zentren oder Chakren in bezug auf die kommunikative Schichtung.

So ist das erste Chakra im Beckenbereich der »Berühr-mich«-Ausdruck des Urkörpers.

Das Chakra des Sonnengeflechts im Magenbereich ruft: »Hilf mir« und enthält die Themen des Emotionalkörpers.

Das Herzchakra flüstert: »Fühl mit mir« und lädt ein, Beziehungen zu knüpfen.

Das Halschakra sagt: »Erzähl mir« und bittet um Kommunikation mit dir aus der Tiefe deiner ureigensten Wahrheit heraus.

Das Chakra des dritten Auges funkt deiner Seele: »Schau mich an« und deutet auf die Weisheit der Hellsichtigkeit hin.

Das Scheitelchakra öffnet die tausendblättrige Lotosblüte und feiert die Meisterschaft der Erkenntnis. »Erkenne mich« ruft es ins All hinaus.

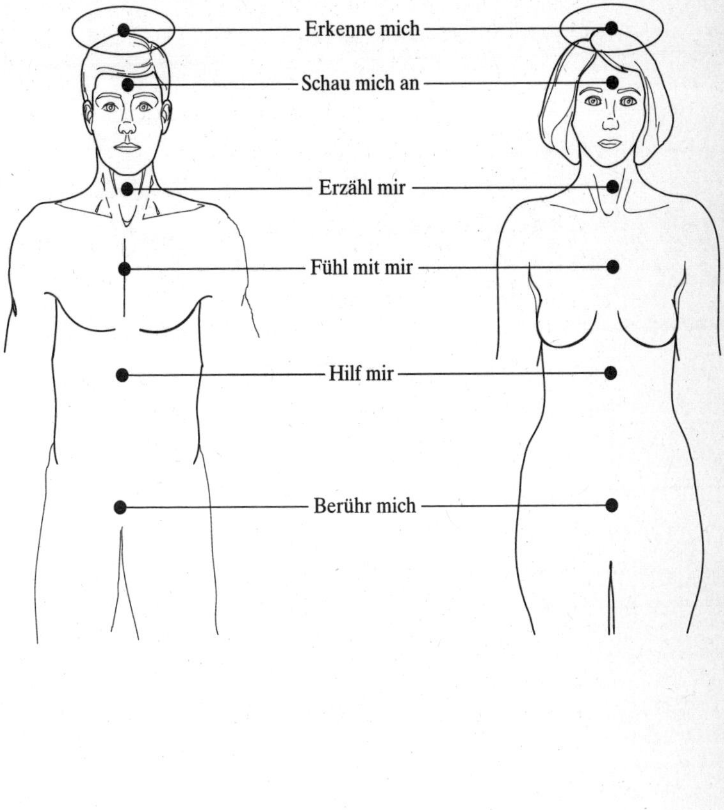
Erkenne mich
Schau mich an
Erzähl mir
Fühl mit mir
Hilf mir
Berühr mich

4 Körperteile

Der Körper trägt die Maske der Seele und malt sich aus den Farben unendlich vieler Leben. Er dehnt und formt seine Teile so, daß sie das Echo der Körper Tausender von Müttern und deren Müttern, von Vätern und deren Vätern bilden. Er spricht in Symbolen und Formen, um seine Sehnsucht, seine Erinnerungen, seinen Ursprung zu zeigen.

Jede Zelle enthält das Ganze, die Geschichte ihrer Reise, die latenten Möglichkeiten ihres Ziels. Der Zellgeist ist der Dirigent, der Schreiber; er notiert fleißig alle Gedanken, alles was er sieht und hört, alles wessen er gewahr wird. Die Atome weben ihren unendlichen Tanz, hin und her durch das Fenster der Form in die Formlosigkeit. Jede Zelle erschafft die Schöpfung neu, während sie selbst ihre Zukunft gestaltet. Vielleicht verweilen wir deshalb in der Vergangenheit, die uns vertraut ist und so nahe liegt, und achten nicht auf die Winde, die uns zu uns selbst zurückbringen.

Jedes Organ, jeder Körperbereich nimmt teil am Gesamtentwurf. Dies ist die Kunst der Seele. Das Herz, die Augen, die Hände, der Kopf – sie alle sprechen die Wahrheit; der Körper lügt nie. Was immer dem Körper geschieht, geschieht in Zwiesprache mit der Seele, die alles zuläßt, alles liebt, alles weiß.

Die Seele verwendet den Körper als Wachstumsinstrument. Jede Krankheit, jeder Unfall, der einen Teil betrifft, sagt uns, was unser Körper braucht, um sein Gleichgewicht und die Wachstumsstelle zu finden.

Der Körper flüstert, spricht oder brüllt schließlich seine Wahrheit hinaus, bis wir einer Botschaft irgendwie Aufmerksamkeit schenken.

Obschon jeder von uns seine eigene, einzigartige Erfahrung in jedem Körperorgan oder -teil festhält, wird der Körper selbst die Erfahrungen in einer entsprechenden Beziehung mit dem Symbolschlüssel seiner Teile speichern. Es ist faszinierend zu verstehen, daß der symbolische und der funktionelle Aspekt zusammenfallen.

Wir wollen uns diesen Schlüssel einmal ansehen, damit wir besser mit unserem Körper kommunizieren können.

- *Kopf:* Gedankenzentrum. Die Steuerstelle des Körpers, in Assoziation mit der verstandesmäßigen Wirklichkeit; der Computer. Viele Menschen leben im Kopf und haben sich vom Rest isoliert; sie erleben ihre Körper oder Emotionen nicht mehr direkt. Sie fühlen sich nur sicher, wenn sie über das Leben nachdenken.
- *Stirn:* Der Vorderlappen unseres neuen Gehirns.
- *Hinterkopf:* Am Hinterhauptbeinsaum läßt sich ablesen, ob Toxine aus dem Blut gespeichert werden.
- *Scheitel:* Freisetzung der Körperenergien durch das Scheitelchakra. Verbindung zu höheren Energien. Im Gegensatz dazu sind Kopfschmerzen in diesem Bereich oft ein Ausdruck negativer Gefühle in bezug auf das im Körper anwesend sein, vergleichbar den Allergien, die ein Ausdruck dafür sind, daß man sich durch das Leben über-

rollt fühlt. Allergien lösen ein Gefühl des Verletzlichseins aus, wodurch etwas in der Außenwelt den Körper überwältigt.

- *Einbuchtung, wo der Kopf auf dem Nacken sitzt:* Öffnung, wo das Licht in den Kopf eintritt. Hier befinden sich die sogenannten »Fenster zum Himmel«, Akupunkturpunkte des höheren Bewußtseins.
- *Gesicht:* Hier zeigen wir, wer wir wirklich sind, oder verstecken uns hinter der Maske der kulturell vorgeschriebenen Abwehrmechanismen. (Siehe entsprechende Symbolik im Abschnitt »Gesichtstypen« auf Seite 76ff.)
- *Augen:* Themen in bezug auf das, was wir sehen oder nicht sehen wollen. Fenster der Seele. Das linke Auge steht für die innere, spirituelle Sicht, und das rechte Auge bezieht sich auf die Außenwelt, das Ego. In der chinesischen Medizin sind die Augen die Organe der Leber und hängen deshalb mit Läuterung, Energiepegel und Wut zusammen.
- *Schläfen:* Stehen in Zusammenhang mit der Wai-Qi-Energie, das heißt der Energie, die uns vor den eindringenden Energien des »bösen Qi«, zum Beispiel Viren, und negativen Feldern bewahrt. Die Schläfen entsprechen dem Gallenblasenmeridian und dem »Beamten, der die Entscheidungen trifft«, das heißt der Gallenblase.
- *Nase:* Organ des Herzens. Große, knollige Nasen entsprechen sowohl der körperlichen als auch der emotionalen Funktion des Herzens. Medial veranlagte Menschen haben oft große Nasen. Probleme mit der Atmung haben mit der unbewußten Ablehnung des Daseins im Körper zu tun. Der Geruchssinn verschafft der Verkörperung Freude.

- *Wangen:* Speichern von Emotionen. Runde Gesichter verstärken das emotionale Potential und deuten darauf hin, daß emotionale Themen wichtige Lektionen für den jeweiligen Körper sind.
- *Ohren:* Das Außenohr hat Akupunkturpunkte, die direkt mit allen Körperteilen und Organen zusammenhängen. Die Ohren sind das Organ der Nieren und haben deshalb mit Themen der Angst zu tun und mit unserer Bereitschaft, sowohl auf uns selbst als auch auf die Außenwelt zu hören. Das Innenohr ist entscheidend wichtig für unseren Gleichgewichtssinn – sowohl in körperlicher und emotionaler als auch in spiritueller Hinsicht.
- *Kiefergelenk:* Schnittpunkt der Energien in Richtung Kopf. Hier speichern wir Wut, Groll und das Gefühl der Machtlosigkeit (oder Impotenz). Viele Leute haben unausgeglichene Kiefergelenke, die sich ausrenken und Schmerzen verursachen.
- *Lippen:* Reflexe für den Darm. Wenn man Toxine oder Blockaden im Darm hat, entwickelt man häufig Herpesbläschen auf den Lippen. Wenn man Acidophilus (Milchbakterien) und andere Darmflora einnimmt, verschwinden die Bläschen oft. Die Lippen sind der erste dünne intime Kontaktpunkt und drücken Gefühle der Zuneigung sowie Sexualität aus. Volle Lippen weisen auf eine sehr sinnliche Person hin. Schmale oder dünne Lippen zeigen, daß man etwas zurückhält.
- *Kinn:* Stärke der Verteidigung. Ein unterentwickeltes Kinn, insbesondere bei Männern, deutet auf eine eher passive Persönlichkeit hin, die nicht dominieren will. Am Kinn befinden sich Akupunkturpunkte, die mit den Sexualdrüsen zusammenhängen.

- *Hals:* Kommunikationszentrum, wo wir unseren Gedanken und Gefühlen Stimme verleihen. Das Halschakra ist ein Vereinigungspunkt der Yin-Yang-Energien und somit des Yin-Yang-Gleichgewichts. Wir halten auch Selbstgerechtigkeit und Vorurteile im Hals fest. Als Seelengruppe arbeiten wir alle auf der Ebene des Halschakra. Wir müssen lernen, wie wir unser Wissen und unsere Erkenntnisse weitergeben können. Wenn das Herz sich öffnet und die höheren Bewußtseinszentren angeregt werden, kann die Qualität des Ausdrucks außerordentlich feinfühlig sein. Im Hals sitzt die Schilddrüse, die sämtliche Energieebenen des Körpers beeinflußt.
- *Genick:* Dort halten wir unseren Willen fest. Wenn wir starr und eigensinnig an unserem Standpunkt festhalten, haben wir oft einen steifen Nacken oder andere Schwierigkeiten im Genickbereich. Der siebte Halswirbel, der an der Nackenwurzel den großen Buckel bildet, ist der Ort, wo die Yang-Meridiane zusammenlaufen. Wenn wir schwer in unserer Mitte bleiben, besteht hier häufig ein psychisches Leck.
- *Schultern:* Verkörpern den Sinn für Verantwortlichkeit und das Gefühl der Last. Stark abfallende Schultern sind der Yin-Ausdruck von Niederlage und Hoffnungslosigkeit. Nach vorn eingezogene Schultern drücken mangelndes Vertrauen aus. Nach hinten gepreßte Schultern können eine trotzige Yang-Haltung ausdrücken. Die linke Schulter zeigt Familienkarma. Die rechte Schulter hat mit der äußeren Verantwortung in bezug auf die Welt, Hervortreten, Manifestation zu tun.
- *Arme:* Liebe geben und empfangen. Der linke Arm ist der Yin-Energie-Empfänger. Der rechte Arm manifestiert

und schenkt Yang-Energie. Obschon ausgewogene Heiler beide Arme gleichermaßen einsetzen können, nehmen sie meistens Energie mit der Linken entgegen und geben sie mit der Rechten ab.

- *Handgelenke:* Flexibilität. Wichtige Chakren, die die auf den Körper gerichteten Energien steuern. Entscheidend wichtig für Heiler, die Hände auflegen oder die das Körperfeld glätten und die Rückstände über die Handgelenke abschütteln.
- *Hände:* Schöpferische Kraft. Ausdruck der Gefühle, Kraft der Berührung. Sehnenscheidenentzündungen nehmen zu, nicht nur wegen unserer heutigen beruflichen Belastung, zum Beispiel durch Arbeit am Computer. Auf emotionaler Ebene entsprechen sie inneren Konflikten, Niedergeschlagenheit und dem Gefühl des »Das schaffe ich nicht!«
- *Finger:* Primäre Eintritts- und Austrittspunkte der Energie. In jeder Fingerspitze sitzen Akupunkturpunkte, an denen Meridiane ihren Ursprung nehmen, die über die Arme zum Kopf und zum Rumpf verlaufen. Jeder Finger entspricht einem der fünf Elemente, aus denen unsere Welt besteht (siehe auch die Abbildung auf Seite 80). Wenn man einen Finger verletzt, könnte man über die Energie des entsprechenden Elementes und des Meridians nachdenken, um die Botschaft zu verstehen. Der kleine Finger entspricht zum Beispiel dem Element Erde und ist der Quellpunkt des Herzmeridians. Vielleicht braucht das Herz ein bestimmtes Mineral oder Erdauszüge, um im Gleichgewicht zu bleiben. Indem wir meditieren oder uns die Erde vorstellen, die uns nährt, können die Energien verhindern, daß ein noch schlimmeres Ungleichgewicht für den Körper als Ganzes entsteht.

- *Rumpf:* Umfaßt die inneren Organe, die den Körper nähren und seine Funktion schützen.
- *Lungen:* Können auf Angst vor dem Inkarnieren hinweisen; die Lungen speichern die Angst. Sie bringen dem Körper den Lebensatem. Die rechte Lunge hat drei Lungenflügel, die linke zwei, und jeder erfordert eine andere Atemtechnik. Wenn man die wahre Atemtechnik meistert, spürt man, wie man den ganzen Körper beherrscht. Wenn man beispielsweise ängstlich oder wütend ist, atmet man in kurzen, oberflächlichen Atemzügen; man hechelt. Wenn man beim vollen, tiefen Atmen bis zur Spitze des unteren Lungenflügels atmet, verändert man die Körperreaktion grundlegend, so daß die Furcht oder der Zorn verschwindet.
- *Herz:* Die Mitte, das Zentrum des Körpers und seiner Funktionen. Die Erde ist der Planet des Herzchakra, wo die Hauptthemen Lektionen über das Mitgefühl und die Liebe sind. Herzbeschwerden sind immer das Ergebnis emotionaler Konflikte in bezug auf Selbstgefühl und Selbstwert. Angst und Furcht engen das Herz ein und verengen so die Herzkranzgefäße, was zu weiteren Beschwerden führt. Man kann lernen, sein Herz sowohl körperlich als auch geistig zu öffnen.
- *Bauchspeicheldrüse:* Ausgleich des Blutzuckerspiegels. Hypoglykämie (Verminderung des Blutzuckers) und Hyperglykämie (erhöhter Blutzuckerspiegel) symbolisieren beide das Thema des Empfangens von Liebe.
- *Magen:* Wo wir die Nahrung und das Leben verdauen, damit wir sie aufnehmen können. Wenn uns das Leben »sauer aufstößt«, werden wir an Sodbrennen und übersäuertem Magen leiden. Die chinesische Medizin behan-

delt Geisteskrankheit über den Magen. Der Magen oder das Sonnengeflecht ist das nährende Zentrum für die Gefühle. Wir nehmen die Welt durch diesen Bereich wahr.

- *Gallenblase:* »Der Beamte, der die Entscheidungen trifft«. Ein Schmerz hinter der linken Schulter hängt oft mit einer Gallenblasenblockade zusammen, die auf Unentschlossenheit beruht. Wenn man die für das Wachstum notwendigen Entscheidungen nicht trifft und zaudert, kann dies die Bildung von Gallensteinen auslösen.
- *Leber:* »Der Beamte, der für das Qi zuständig ist«. Die Leber speichert Energie in Form von Glykogen, das bei Bedarf in Zucker abgebaut wird und so kurzfristig zur Verfügung steht. Auch die Wut wird in der Leber festgehalten. Die Augen entsprechen der Leber. Augenprobleme deuten auf Leberthemen hin. Schmerzen hinter dem rechten Schulterblatt sind Reflexschmerzen der Leber. Die Leber ist das Organ der Läuterung – für den Körper, die Gefühle und den Geist.
- *Milz:* Speichert alte Wut aus anderen Inkarnationen. Sie ist auch ein wichtiges Organ für die Blutfilterung, die roten Blutkörperchen und die Unterstützung des Immunsystems. Die Milz gibt uns eine wichtige Botschaft: Aus dem Alten, Negativen entsteht Neues, Positives. Wenn die Milz entfernt wird, ist es ganz besonders wichtig, eine positive Lebenseinstellung zu behalten.
- *Dünndarm:* Nahrungsaufnahme. Der Dünndarm ist sehr anfällig für Parasitenbefall, und dies hat damit zu tun, daß wir uns von negativen Kräften überwältigen lassen. In der chinesischen Heilkunde heißt er: »Der Beamte, der für die Trennung des Reinen vom Unreinen zuständig ist«.

Das bezieht sich nicht nur auf die Nahrung, sondern auf alles in unserem Leben. Wenn man Probleme mit dem Dünndarm hat, befaßt man sich womöglich mit dem Thema des Empfangens und Annehmens und des Selbstwertes. Die ektomorphe Körperform ist typisch für diesen hyperaktiven Menschen, der nicht viel in sich hereinläßt und sein Selbst nicht achtet. Drogen wie auch Antibiotika werden in diesem Körperbereich gespeichert. Wenn man nachmittags einen aufgedunsenen Unterleib hat, muß die Darmflora und -fauna wieder ins Gleichgewicht gebracht werden. Am besten mittels Acidophilus (Milchbakterien) und anderen darmfreundlichen Organismen.

- *Dickdarm:* Ausscheidungsorgan. Reizkolon, Verstopfung und andere Störungen des Dickdarms sind das Resultat lange andauernder Angstzustände, die den Verdauungsvorgang durcheinanderbringen. Blähungen, manchmal von Kopfschmerz begleitet, können Anzeichen für die Anwesenheit von »schlechtem Qi« oder schlechter Energie im Darm sein, die womöglich von anderen in unserer Umgebung herrührt. Das ist oft der Fall bei Menschen in Pflegeberufen, die anfänglich dazu neigen, im Bestreben, anderen zu helfen, deren Negativität zu übernehmen. Die Furchtenergie regt den Urkörper an, sich auf Flucht oder Kampf vorzubereiten – auf Kosten der Verdauung. Der Dickdarm ist auch der Ort, an dem wir Kummer und Trauer festhalten. Weil Trauer oft mit Schuld- oder Schamgefühlen zu tun hat, finden wir diese ebenfalls hier. Wie beim Dünndarm können auch hier Gaben von darmfreundlichen Organismen uns helfen, eine Umwelt zu schaffen, in der krankmachende Bakterien oder schlechtes Qi einfach nicht bestehen können.

- *Nieren:* Unerwünschte Substanzen aus den körpereigenen Flüssigkeitssystemen herausfiltern. Energetisch gesehen sind die Nieren die tiefsten Organe des Körpers und nähren die Herzenergie. Sie stellen das Qi unserer Vorfahren dar, das wir von unseren Blutsverwandten erben. Rückstände tiefverwurzelter Ängste sammeln sich in den Nieren, wo sie mit der Zeit Nierensteine bilden können. Die rechte Niere speichert die Angst in bezug auf das Yang oder den männlichen Ausdruck. Die linke Niere drückt Yin oder weibliche Themen der Angst aus.
- *Blase:* Dort halten wir die Tränen. Wenn wir träumen, um unsere gefühlsmäßigen und seelischen Spannungen abzubauen, füllt sich die Blase und drängt nachts auf Entleerung. Sie reagiert genauso tagsüber, wenn wir vor einer angsteinflößenden Situation fliehen wollen.
- *Sexualorgane:* Keimdrüsen. Ein Großteil unseres Selbstwertgefühls basiert auf unseren sexuellen Erfahrungen. Die Keimdrüsen sind die Fortpflanzungsorgane und tragen uns in dieser Eigenschaft durch die großen Lebensübergänge; zum Beispiel in der Pubertät von der Kindheit ins Erwachsenenalter. Entzündungen der Vagina, der Gebärmutter, der Eierstöcke beziehungsweise der Prostata deuten auf eine Disharmonie sexueller Art hin, wobei zweifellos versteckte Schuldgefühle eine Rolle spielen.
- *Brüste:* Nährendes Pflegen. Die gegenwärtige Zunahme von Brustkrebserkrankungen hängt direkt mit der Verwirrung zusammen, die im Körper entsteht, wenn man ihm nicht klarmacht, daß Umsorgen und Nähren nicht nur durch körperliches Stillen eines Kindes möglich sind. In der heutigen Welt kann eine Frau sich dafür entscheiden,

statt eines Kindes eine Idee großzuziehen. Es ist entscheidend wichtig, daß man in einem solchen Fall dem Körper mitteilt, daß das Wesenhafte des Nährens durch die Brüste in vielen Aspekten des Lebens vermittelt werden kann und so nicht verlorengeht. Frauen müssen unbedingt lernen, sich selbst zu nähren und zu fördern.

- *Rückgrat:* Hält den Körper aufrecht. Probleme auf bestimmten Stufen entsprechen verschiedenen Organen. Am wichtigsten ist dabei die Kreuzgegend, die mit dem Sitz der sexuellen Energie zu tun hat.
- *Becken/Hüftgelenke:* Hier halten wir die Macht und die kostbare Quelle des Lebens in den Genitalien und in der Steißbein-/Kreuzgegend. Wenn wir spüren, daß sich die Sexualenergie abnutzt, nutzen sich oft auch die Hüftgelenke ab. Man kann Visualisierungstechniken anwenden, um die Hüftgelenke mit Gelenkflüssigkeit zu umspülen, so daß sie flexibel und stark bleiben.
- *Beine:* Sie verhelfen uns zur Bewegung, die wir zum Wachsen brauchen. Alle Beschwerden deuten deshalb auf Angst vor Veränderungen oder vor dem Vorwärtsschreiten im Leben hin.
- *Oberschenkel:* Die Außenseite der Schenkel reflektiert die Därme. Wenn die Oberschenkel »Reiterhosen« angesetzt haben, ist dies ein Anzeichen für eine Trägheit der endokrinen Drüsen. An der Innenseite der Oberschenkel sitzt sexuelle Wut fest.
- *Knie:* Anhaltende Flexibilität auf allen Ebenen. Wir sollten imstande sein, uns sowohl auf geistiger als auch körperlicher Ebene zu strecken. In den Knien halten wir Karma fest, und diese einschränkende Energie hält uns oft vom Vorwärtsschreiten ab.

- *Knöchel:* Müssen in alle Richtungen hochflexibel sein. Wir verstauchen uns die Knöchel, wenn wir uns nicht sicher fühlen, ob wir zum Beschreiten neuer Wege fähig sind. Das Zögern blockiert neue Energie.
- *Füße:* Durch die Füße stehen wir fest auf unserer Erde. Mit den Füßen unternehmen wir die notwendigen Schritte. Die Füße sind der negative Pol des Körpers; sie ermöglichen uns, negative Energie abzuleiten. Der linke Fuß hat mit dem Empfangen zu tun; der rechte mit Hervortreten und Tun.
- *Skelett:* Ist einerseits das Stützsystem für den Körper, andererseits bildet das Knochenmark den Kern unseres Körperabwehrsystems, da es rote Blutkörperchen und die Granulozyten für die weißen Blutkörperchen produziert. Probleme mit den Knochen oder dem Skelettsystem haben mit Konflikten im Zusammenhang mit dem Inkarnieren zu tun und dem Gefühl, nicht genügend gestützt zu sein.
- *Haut:* Größtes Ausscheidungsorgan. Hautausschläge weisen auf Toxine im Blut hin und daß der Körper versucht, sie loszuwerden. Oft will der Körper uns damit sagen, daß er etwas nicht ertragen kann.

Bedenken Sie einmal alle Störungen, Unfälle und Krankheiten, die Sie mit Ihrem Körper erlebt haben, und analysieren Sie sie aufgrund des oben gegebenen symbolischen Schlüssels. Überlegen Sie, was damals mit Ihnen los war, und beobachten Sie, ob Ihnen dadurch der Sinn der Erfahrung klar wird. Man kann dabei auch ganze Themenkreise aufdecken, die in einem bestimmten Körperteil angesiedelt sind und die dem grenzenlosen Repertoire des eigenen Körpers entsprechen.

Man kann den Rhythmus des geistigen Wachstums stark beschleunigen, wenn man den Körper als Instrument benutzt, um die täglich auftauchenden Themen loszulassen. An einem bestimmten Tag spielt man vielleicht die ganze Skala von Neid bis Überfluß durch. Arbeiten Sie mit jedem dieser Themen als etwas, zu dem Sie energetisch über Ihren Körper Zugang finden. Wie in Kapitel »Der Körper spricht« in bezug auf das Thema Liebe gezeigt, können Sie den Körper fragen, wo er die Energie der Liebe, Fülle, Macht usw. festhält. Und wenn Sie sie gefunden haben, lassen Sie sie frei, damit sie durch Ihren ganzen Körper strömen kann. Wenn es ein negatives Thema – zum Beispiel Eifersucht, Schuldgefühle, Groll, Zorn, Furcht – ist, finden Sie heraus, wo es im Körper festsitzt, und fragen Sie, welche Farbe der Körper braucht, um es aufzulösen und loszulassen. Nehmen Sie die erste Farbe oder die Farben, die Ihnen in den Sinn kommen, und stellen Sie sich vor, Sie würden sie in die Körperstelle, wo das Thema festgehalten wird, einsaugen und der Farbe gestatten, Sie von dieser Energie zu befreien. Sie werden staunen, wie schnell und umfassend dies wirkt.

Der Zweck dieser Art von Bewußtseinsübung ist, zu erkennen, daß der Körper tatsächlich zu uns spricht und uns hilft, uns die Lehren der Seele zu eigen zu machen. Unser Körper hat sogar willig Schmerzen und Unbehagen auf sich genommen, um unsere Aufmerksamkeit auf seine symbolischen Themen zu lenken. Er tut dies nie von sich aus oder um uns zu strafen, sondern immer als eine Art Gespräch mit uns auf tiefster Ebene. Die Körperenergie zielt immer in Richtung Gesundheit und Gleichgewicht.

Wir sind nahe an einer neuen Oktave des Daseins, in der Krankheit und Tod nicht mehr Teil unseres Körperausdrucks sein werden. Diese neuen Wirklichkeiten warten auf unsere weitere geistige Reifung, und die Lektionen, die wir jetzt lernen, fördern unser Wachstum. Rückstände aus anderen Inkarnationen sind im Zellgeist eingeschlossen und müssen freigelassen werden, denn die Schmerzen und der Tod jener anderen Körper spiegeln sich in unserem jetzigen wider.

Gesichtstypen

Die meisten von uns haben Gesichter, die verschiedene Grundzüge in sich vereinen. Finden Sie heraus, welche auf Sie zutreffen.

- *Das quadratische Gesicht:* eine robuste, bodenständige, praktische Einstellung. Kann aber auch stur oder unnachgiebig sein.
- *Das runde Gesicht:* offen; es geht um das Meistern emotionaler Energien.
- *Das herzförmige Gesicht:* breiter im oberen Bereich, mit Betonung der verstandesmäßigen Fähigkeiten. Vermittelt die Anwendung von Energien aus galaktischen und devischen (Feen-)Reichen. Kann einen schelmischen, manchmal auch schwierigen Charakter spiegeln. Die Ohren sitzen in einem Winkel, der auf einen galaktischen Einfluß hinweist und die Themen verzwickter macht.
- *Das ovale Gesicht:* die größte Breite ist in der Mitte, was eine starke Körperbetonung ausdrückt.

– *Das lange rechteckige Gesicht:* ein galaktisches Gesicht mit starken Kanten. Wir nennen es scherzhaft das »Plätzchen-stecher«-Gesicht, da es wie aus einer Form ausgestochen zu sein scheint. Es tritt oft zusammen mit galaktischen Ohren und anderen Zügen auf, die dem entsprechenden Menschen etwas Außerirdisches verleihen.

Klassisches devisches herzförmiges Gesicht mit galaktischen Ohren

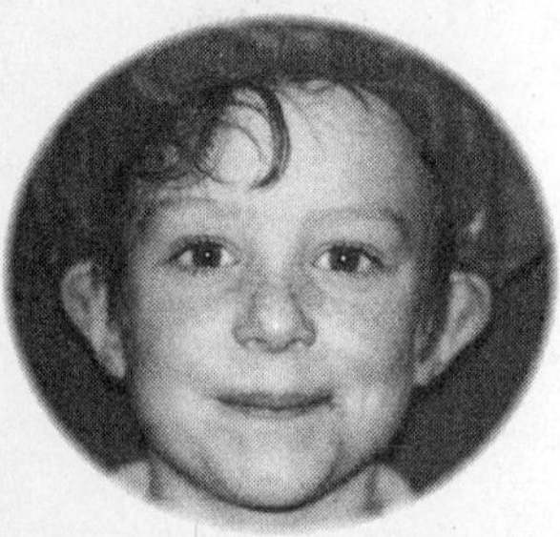

Devisches herzförmiges Gesicht mit devischen Ohren

Galaktische Ohren

Galaktisches rechteckiges
»Plätzchenstecher«-Gesicht
mit galaktischen Ohren

Ovales devisches Gesicht

Engelhaftes rundes Gesicht

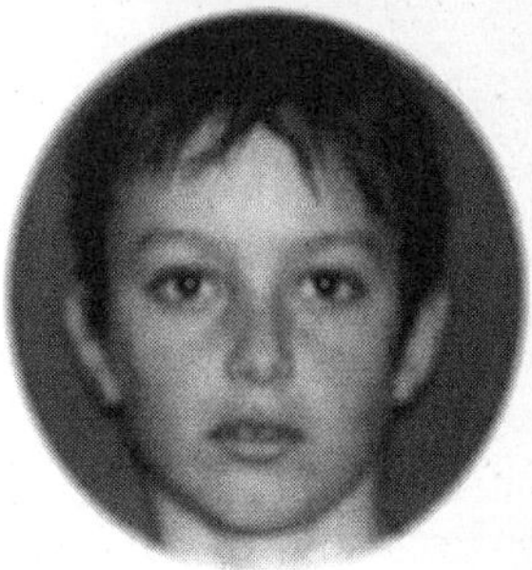

AKUPUNKTURMERIDIANE DER FINGER UND DEREN ZUGEORDNETE ELEMENTE

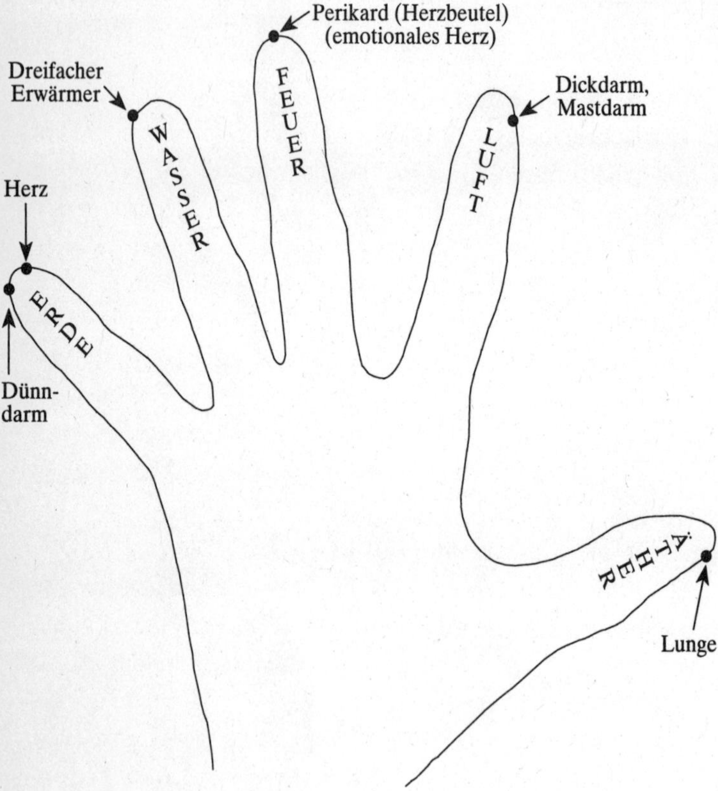

5 Themenkörper

Die Körperform drückt die Themen der Seele aus, indem sie Attribute entwickelt, die dem Leib gestatten, die Lektionen auszuagieren, die die Seele für das jeweilige Leben vorgesehen hat. Die Seele legt nicht nur den Samen ihrer Lehren in ganz bestimmte Körperteile, sondern der Körper formt sich und trägt neben der physischen DNS in sich die Eigenschaften und Merkmale von Leben in anderen Kulturen und Rassen. Der Körper scheint sich also über seine physische Erbmasse hinaus nach seinen Vorlieben zu bilden und aufgrund seines jeweiligen Schicksals eine individuelle Gestalt zu erschaffen.

Viele Leute betrachten einen Körper und können aus dessen Form seinen Zweck und seine Fähigkeiten ablesen. Sie sagen dann vielleicht: »Dieser kleine Junge ist fürs Laufen geschaffen.« Oder: »Schau dir diese Hüften an, das ist ein gebärfreudiges Becken.«

Und tatsächlich stimmt das. Der Körper webt den Zweck in all seine Entwürfe. Die Körperform ist nicht allein das Ergebnis der physischen Vererbung, sondern sie ist für eine spezifische Funktion gebaut in bezug auf Themen, die aus kulturellen und spirituellen Zusammenhängen herübergebracht worden sind.

Wir können uns vorstellen, daß wir die Erbmasse unserer Ahnen in uns tragen, doch wir erkennen nicht, daß deren Gedanken, Gefühle und Schlußfolgerungen aus ihren Erfahrungen auch in uns verborgen liegen. Ihre Anpassungsfähigkeit an die Umwelt floß über die Doppelhelix in unsere Knochen und Brüste ein, um unseren Körper leistungsfähiger oder auch weniger tüchtig zu machen, was uns veranlaßt, die gleichen Lektionen zu wiederholen.

Geistig gesehen suchen wir uns unsere Eltern aus. Wir suchen sie nicht nur nach der Beziehung aus, die sie mit uns eingehen werden, sondern auch wegen der körperlichen, kulturellen und gesellschaftlichen Herausforderungen, die sie uns stellen werden. Vielleicht lernen wir hauptsächlich von ihren kulturellen Kanälen, aber auch durch die physischen. Deshalb haben wir so oft den Eindruck, wir seien ganz anders oder gehörten eigentlich nicht zu unserer Familie. Unsere Körpergestalt ist vielleicht stark beladen mit Überbleibseln von anderen wichtigen Verkörperungen, zu denen wir Zugang finden und die wir nutzen müssen, um unser Schicksal zu erfüllen.

Es gibt heute viele Krankheiten, von denen man annimmt, daß die Anlage dazu vererbt wird. Einige gehen auf Fehler im genetischen Code zurück. Es würde unser Verständnis für diese Zusammenhänge fördern, wenn wir erkennen, daß genetische Vererbung auch das Ergebnis emotionaler, familiärer und kultureller Ähnlichkeiten sein kann, die durch karmische Verträge bedingt sind. So kann eine in einer Familie häufig auftretende Krankheit mit einem gemeinsamen Thema oder einem Abkommen zwischen den Familienmitgliedern zu tun haben. Herzkrankheiten, zum Beispiel, gelten als familiär bedingt. Herzkrankheiten können durch emotionale Beengung verursacht werden, indem wir das Herz tatsächlich zusammendrücken, weil wir uns so fest an unsere Wut und Kränkungen klammern. Ich habe beobachtet, daß die Herzbeutelflüssigkeit von Menschen mit Herzbeschwerden sehr stark verfärbt ist. Die Flüssigkeit im Herzbeutel umgibt das Herz wie ein schützendes Kissen. Wenn ein Elternteil gelernt hat, das Herz »zuzumachen«, wird er oder sie diese Haltung oder dieses Verhalten ungewollt an die Kinder weitergeben.

Diabetes (Zuckerkrankheit) ist ein weiteres Leiden, das bei vererbten Beziehungen eine Rolle zu spielen scheint. Als Körperthema hat Diabetes mit Liebe geben und entgegennehmen zu tun. Zucker ist auch die Quelle der Körperenergie und deutet deshalb auf die Angst vor dem Inkarnieren hin. Da Zucker ein Symbol ist für die Liebe zum Leben, ist die Unfähigkeit, mit der Lebensenergie umzugehen, ein Hinweis auf das Familienkarma im Sinne von Beziehungsthemen. In der Regel erfordert die Zuckerkrankheit eine starke Anteilnahme der Familie und ermöglicht somit den Familienmitgliedern, gemeinsam an dem karmischen Thema zu arbeiten.

Brustkrebs ist eine Krankheit, deren spezifisches Thema mit Nähren und Umsorgen zu tun hat. Die Brüste sind Ursymbole für Geborgenheit, Trost und Nahrung – sowohl gebend wie empfangend. Viele Frauen entwickeln Brustkrebs, wenn die Kinder aus dem Nest geflogen sind und sie emotional den Eindruck haben, sie könnten die Mutterrolle nicht mehr erfüllen, und daraufhin ihr Selbstwertgefühl verlieren. Im Gegensatz dazu entwickeln viele jüngere Frauen Knoten, Zysten und sogar Brustkrebs aufgrund der Tatsache, daß sie sich dafür entscheiden, ihren Körper nicht für diese direkte Art des Nährens einzusetzen. Der physische Körper muß verstehen, daß dieses wesentliche Element nicht aufgegeben wurde, sondern sich durch die Fähigkeit der Frau, ein Geschäft oder eine Nation aufzupäppeln, ausleben kann. Oder daß es sich über ihre Stimme, ihre Gedanken oder sogar ihre Meditationen ausdrücken kann, die symbolisch für die gleiche Energie stehen. Die Frau muß auch die fürsorglichen, nährenden Energien erfahren, die sie auf sich selbst richten kann. Die Brüste sind Speicher und Kanäle für diese wesentliche Energie, die sich in viele Formen und Frequenzen übertragen läßt.

In dem Maße, wie wir uns der uns formenden feinstofflichen Wege und Codes im Körper bewußt werden, können wir die Auswirkungen unserer Gedanken verfolgen. Wir wären sogar in der Lage, derart subtile Zusammenhänge wie zwischen kultureller Anpassung und Körperform und -typ zu erkennen – wobei es auf die Frage nach der Henne und dem Ei herauszulaufen scheint, denn es ist schwierig festzustellen, ob der physische Erbfaktor zuerst kam oder ob die kulturellen Anpassungen in bezug auf Form und Verhalten Gemeinsamkeiten hervorbrachten. Auf jeden Fall sind sie vorhanden. Ich kann oft erkennen, wo ein Mensch herstammt, indem ich einfach beobachte, wie er in seinem Körper »steht«, denn dies spiegelt deutlich tief eingewurzelte Familien- und vererbte kulturelle Muster. Wir müssen endlich erkennen, daß die Vererbung auf gesellschaftlicher und kultureller Ebene in unser Wesen eingebrannt ist und daß sich diese durch unsere Körperform ausdrückt.

Wenn wir über die körperlichen Baupläne hinaus forschen, werden wir immer die ihnen zugrundeliegenden kollektiven und kulturellen Muster entdecken. Sie lassen sich erkennen als weitgespannte thematische Ausdrucksformen, die mit breiten Pinselstrichen die Lebensperspektiven zeichnen.

Vor langer Zeit, als die Menschheit hauptsächlich aus Nomadenstämmen bestand, waren unsere Themen vielleicht homogener als heute. Wir suchten Schutz vor der Witterung, Nahrung und Sicherheit. Körperliche Merkmale wie Größe, Gewicht und sogar die Hautfarbe wurden von den Überlebensmechanismen des Urkörpers im Rahmen der Bedürfnisse der unmittelbaren Umgebung geformt.

Wir vermehrten uns und wurden als Gattung seßhafter. Wir begannen uns innerhalb von Mythologien zu orientieren, die unser Selbstverständnis und den großen Schöpfungsplan umrissen. Wir entwickelten »kulturelle« Perspektiven, die vorgaben, wie wir unser Leben zu gestalten hatten. Als wir unserer Erfahrung eine symbolische Wirklichkeit zugesellten, fanden wir den Sinn unseres Daseins in Tätigkeiten, die mehr und mehr kulturspezifisch gefärbt wurden.

Die Seele beschreibt ein Thema und seine Variationen im Rahmen eines Dialogkreises von zusammenhängenden Blickwinkeln. Die Gesellschaft, Kultur, Rasse, Gemeinschaft, Familie, Geschlecht und Stellung innerhalb der Familie vermitteln Aspekte, die die Gestaltung eines Themas verstärken.

Unsere unterschiedlichen Kulturen drücken Seelenthemen durch gesellschaftliche Werte aus. So schätzen beispielsweise verschiedene Kulturen die Frau auf bestimmten gesellschaftlichen Ebenen innerhalb genau definierter Verhaltensnormen. Die Stellung der Frau zu Hause und in ihrem kulturellen Umfeld läßt sich an ihrer Körperhaltung erkennen. Ihre Kopfhaltung, der Winkel ihrer Schultern, ihre

Körperhaltung und besonders ihr Gesichts- und Augenausdruck sind subtile Signale hinsichtlich ihrer Selbsteinschätzung und ihres Selbstwertgefühls. Obschon sie die meisten Gesten von anderen weiblichen Vorbildern um sich herum abgeschaut haben wird, ist ihr ureigenstes Selbstwertgefühl oder ihre Macht konkret spürbar. Wenn man drei Frauen aus einer Familie vergleicht, erkennt man ihre jeweilige Stellung an diesen feinen, doch ganz klar dargelegten Körperhaltungen.

Unsere Vererbung beeinflußt diese Körpermuster, die sich durch kulturelle Merkmale ausdrücken und für das geschulte Auge sichtbar sind. So gehört jemand vielleicht dem deutschen Kulturkreis an, weil er dort geboren wurde, weist aber sehr »schweizerische« Eigenschaften auf, weil ein Großelternteil schweizerischer Abstammung war. Oder ein Amerikaner ist »ganz Italiener«, weil er von Italienern abstammt und von seinen Eltern die Kultur geerbt hat.

Wenn dich jemand fragt, welche Abstammungslinien du in dir vereinst, sagst du vielleicht: »Französische und deutsche Ahnen.« Oder italienische, schottisch-irische, afrikanische, südeuropäische, asiatische Ahnen usw. In bestimmten Gegenden der Welt werden die Kulturen und Rassen strikt voneinander getrennt, während andere Länder, wie zum Beispiel Amerika, große genetische und kulturelle Schmelztiegel sind. Ich selbst bin zum Beispiel ein Mischprodukt von sieben verschiedenen Volksgruppen, und jede hat meinem Wesen ihren unverkennbaren Stempel aufgedrückt, obwohl ich diese Orte oder Völker nie besucht habe.

In einer meiner Stunden an der Nizhoni-Schule für Globales Bewußtsein haben wir unsere Züge in bezug auf unsere Blutsverwandtschaften gegenseitig studiert. Es war faszinierend zu sehen, wie gut die Schüler beobachteten und körperliche Merkmale isolierten, die dem jeweiligen »Stammbaum« entsprachen. Es gab gemeinsame Gesichtszüge zu erkennen wie zum Beispiel »polnische Augen«, »römische Beine«, »holländische Stirnen«. Es war unglaublich, wie beim Betrachten des Körpers als Ganzem derart viele Attribute verschiedener Abstammungen an einer einzigen Person zu sehen waren. Manchmal geschah dies nicht nur aufgrund der Form, sondern der kulturelle Unterschied war gelegentlich aus der Bewegung oder dem Einsatz eines Körperteils erkenntlich.

Ich erinnere mich an eine Geschichte über einen amerikanischen Spion in Rußland, der es geschafft hatte, in den innersten Kreis vorzudringen, bis er eines Nachts unter dem Einfluß einer beachtlichen Menge Wodka seine Gabel ungewollt auf amerikanische Art ergriff; er wurde auf der Stelle erschossen. Er hatte sich durch eine kleine fremde Geste verraten, die von einem »echten« Russen nie gemacht worden wäre.

Es ist unvorstellbar, wie viele Gesten und Nuancen im Zellgeist versteckt liegen, die nicht durch verbale oder körperliche Anleitung hervortreten, sondern ausschließlich aufgrund der Erinnerung im Blut. Unzählige Male haben sich Familien an mich gewandt und mir voll Ehrfurcht zugeflüstert, sie seien sicher, ein Verstorbener sei in einem Kind derselben Familie wiedergeboren worden, denn dieses Kind bewege sich genau gleich, habe die gleiche Gestik wie der Verstorbene, obschon es ihn oder sie nie gesehen habe. Oft zeigen diese Kinder auch die gleichen Vorlieben und Abneigungen, Gewohnheiten und besonderen Talente wie der Verblichene. Ist das möglich? Aber sicher! Es stimmt auch in bezug auf Kinder, die ihre Eltern nie gekannt haben und dennoch genau den gleichen Gang oder andere identische Merkmale besitzen. Das rührt von der untrennbaren Verbindung her, die zwischen Körpern derselben Seele besteht.

Die Gesten und Haltungen, die Stärken und Schwächen sowie die Gestalt der Körperteile sind alle Elemente der großartigen Geschichte dieses Körpers. Es ist die Geschichte der Seele, wie sie durch den spezifischen Brennpunkt ihrer Themen erzählt wird. Aufgrund dieser Konzentration auf ein bestimmtes Thema bildet die Seele sich zu einem schöpferischen Instrument.

Vielleicht fragen Sie sich nach dem Sinn Ihres Lebens. Wenn Sie Ihre Erfahrungen anhand der Facette »Themenkörper« erforschen, werden Sie erkennen können, daß jede Tätigkeit, mit der Sie sich befassen, eine Stufe zum Meistern dieser Themen ist. Aus dieser Perspektive gesehen, können Sie nie einen »Fehler« begehen, denn alles geschieht immer in Zusammenhang mit den Lehren, die von Ihrer Seele ausgehen. Vermutlich fühlen Sie sich zu bestimmten Arten von Arbeit oder Tätigkeiten besonders hingezogen. Oft sind es Erinnerungen an Begabungen oder Themen, mit denen Sie sich in anderen Inkarnationen befaßt haben. Vielleicht fühlen Sie sich leer, wenn Sie sich tatsächlich wieder damit beschäftigen. In Wahrheit ist aber irrelevant, was Sie tun. Es kommt auf die Bewußtheit an, mit der Sie sich der Sache widmen. Vielleicht ist Ihre Arbeit ziemlich langweilig. Doch diese Arbeit bietet Ihnen Gelegenheit, auf mehreren Ebenen gleichzeitig zu funktionieren. Das Thema mag damit zu tun haben, daß Sie anderen helfen wollen und daß Sie eine Atmosphäre schaffen, die einen großen Einfluß auf das Leben anderer hat. Vielleicht lernen Sie dabei Geduld, Mitgefühl, Kreativität oder Intuition. Fragen Sie sich innerlich, Ihr Höheres Selbst, was das Thema Ihrer Arbeit oder Tätigkeiten ist. Versuchen Sie nicht, sich eine Antwort zurechtzulegen, sondern lassen Sie sie spontan geschehen. Sobald Sie die Antwort erkennen, werden Sie sehen, daß Ihnen Ihre Arbeit nun sehr viel mehr Spaß macht, weil Sie sie in einem anderen Licht sehen. Manchmal gibt einem allein diese Erkenntnis schon den Mut, die Stelle zu wechseln und weiterzugehen, neuen Aufgaben entgegen, ohne Furcht!

Wir fühlen uns oft zu Tätigkeiten hingezogen, die uns helfen, uns selbst zu heilen. Ein Lehrer zum Beispiel, der eine schreckliche Kindheit hatte, entscheidet sich vielleicht für das Lehramt im Bemühen, jene Erfahrungen zu heilen, indem er Einfluß auf das Leben der Kinder nimmt. Menschen werden oft zu Heilern, um karmische Schuld anderen gegenüber auszugleichen, denen sie in anderen Leben geschadet haben. Es ist symbolisch gesehen genau die richtige Wahl, die uns gestattet, die miteinander verwebten Fäden unserer Leben zu erkennen.

Können Sie sich vorstellen, daß Ihr Körper aus Themen besteht? Meistens wehren wir uns am stärksten gegen die zentralen Themen unseres Lebens. Ich nenne dies den »blinden Fleck«: der Schleier, der uns die Wahrheit verbirgt. Diese Art des Lernens ist oft schwierig, doch immer erleuchtend. Mein Höheres Selbst sagt: »Wenn du dich gegen etwas wehrst, kriegst du es bestimmt!«

Es bedeutet, daß wir gefangen sind von dem, was wir von uns fernzuhalten suchen, bis wir es loslassen können, indem wir das entsprechende Thema meistern, bis es durch uns hindurchfließt, ohne auf Widerstand zu stoßen, ohne uns zu verletzen.

Man kann diesen Schleier des Widerstands mit dem Körper durchbrechen. Denken Sie eine Minute lang an einen Körperteil, der Ihrem Empfinden nach getrennt oder mit dem Rest von Ihnen nicht in Harmonie ist. Wenn eine körperliche Eigenheit oder ein Körperteil besonders hervorsticht, enthält dieser ganz bestimmt einen Hinweis zu einem zentralen Thema. In der Regel lehnt man diesen Körperteil ab und kümmert sich nicht darum, läßt ihm keine Liebe angedeihen, ja man akzeptiert ihn nicht einmal, denn man will ihn nicht anerkennen. Er ist aber ein äußerst wichtiger Teil von uns, denn er enthält das Geheimnis für unser Wachstum.

Vielleicht ist es eine Form, die wir von einer anderen Lebenserfahrung mit herübergenommen haben, und deshalb verursacht jede unbewußte Assoziation damit eine Blockade in uns. Es ist deshalb sehr wichtig, die Inkarnationen der Seele bewußt zu klären, so wie wir das am Light Institute machen. Da auch die Körperform symbolhaften Charakter hat, kann man sehr viel daraus ableiten, wenn man nur zuläßt, daß sie uns die Bedeutung ihrer Symbolik zeigt.

In meinen Seminaren zum Thema der Seelenkörper erforschen wir immer diese Verkapselungen im Körper, um herauszufinden, was sie uns zur Läuterung und was zur Stärkung bieten. Wenn wir die Verbindung hergestellt haben, bitten wir unseren Körper, uns den Ursprung und den Zweck seiner Gestalt zu zeigen. Das bewirkt schon bei vielen Menschen, daß sie ihren Körper so akzeptieren, wie er ist, ohne Voreingenommenheit, und ihn sogar aus einer neuen Sichtweise heraus bewundern. Oft zeigt uns der Körper eine Form, die wir erfolgreich in einem anderen Leben benutzten und die uns jetzt hier unterstützt. Vielleicht wiederholt er diese Form, um uns die Möglichkeit zu geben, weiter an diesem bestimmten Thema zu arbeiten. Manchmal wählen wir uns absichtlich einen abstoßenden Körper, um ihn, so wie er ist, lieben zu lernen. Eine dicke, schwere Frau zum Beispiel hat sich vielleicht einen solchen Leib gewählt, weil sie in einem früheren sehr schönen Körper durch Mißbrauch und Verhaften im Körperlichen Karma schuf. Der rundliche Körper ist die klassische Form des intuitiven Menschen, der seine Kraft zurückhält. Er könnte uns sehr viel über eine tiefere Beziehung zum eigenen Körper lehren. Zu Rubens' Lebzeiten war ein rundlicher weiblicher Körper die ideale frauliche Figur, und das kann für den Leib Anlaß sein, sich jetzt so zu strukturieren wie damals. Überlegen Sie einmal, wie verwirrend es für den Körper sein muß, nun auf Ablehnung zu stoßen, nachdem er vordem so sehr bewundert worden war! Der Körper allein weiß, weshalb er das eine oder andere vorzieht. Man muß ihn nur danach fragen.

Nachstehend ein paar Beispiele aus Seminaren, die ich besonders liebe.

Eine Frau mit sehr feinem, dünnem Haar: »Ich sehe, daß ich aus dem Feenreich stamme. Mein Körper ist ganz zart und fein; er ist wie Spinnweben, und mein Haar ist wuschelig, aber auch sehr schön.«

Ein siebzehnjähriges Mädchen mit runden Hüften und kleinen Brüsten: »Ich bin eine Meerjungfrau. Ich spüre, wie ich auf einem Felsen sitze und dann mit meinem starken Fischschwanz durch die Fluten schwimme. Ich bin wunderschön. Vielleicht ist meine Figur gar nicht so schlecht!«

Ein Teenager, der für sein Alter sehr klein ist: »Ich bin ein ägyptischer Architekt und habe die große Cheops-Pyramide in Gizeh entworfen. Ich bin sogar noch etwas größer als der Pharao. Hinter mir sehe ich die Gänge, die genau meiner vollkommenen Größe entsprechen. Ich bin sehr erfolgreich und empfinde meinen Körper als sehr kraftvoll.«

Ein dicker Mann: »Ich sehe eine Afrikanerin mit einem großen Gesäß. Sie führt eine Art Bauchtanz auf und vergnügt sich. Es ist sehr sinnlich, und ich spüre dies auch in meinem Körper. Es ist großartig!«

Eine Frau mit dicken Oberschenkeln: »Ich sehe einen trojanischen Krieger; er ist sehr kräftig und stark durch seine Beine. Ich mag das Gefühl seiner Kraft.«

Auch Sie können diese Übung versuchen:

Gehe mit deinem Bewußtsein in einen meditativen Zustand, indem du tief durchatmest, bis du dich ganz entspannt fühlst.
Konzentriere deine Aufmerksamkeit auf jene Stelle deines Körpers, die du nicht magst.
Bitte deinen Körper, dir einen anderen Leib aus anderen Kulturen oder Rassen zu zeigen, der dort eingeschlossen ist und der deine jetzige Form bestimmt.
Gestatte dir, das zu sehen, was dort ist. Nimm das erste Flimmern, das sich meldet. Vielleicht siehst du, fühlst du oder hörst du die Anwesenheit dieses anderen Körpers.
Sobald du ihn wahrnimmst, erlebe diesen Körper voll und ganz, um die Vorteile zu kennen, die er dir durch seine Form schuf.
Frage nun deinen Körper, welche Farbe er braucht, um den anderen Körper freizugeben.
Ziehe diese Farbe oder Farben in dich hinein, an die Kör-

perstelle, an der du arbeitest, und laß die Farbe sämtliche Überbleibsel des anderen Körpers wegspülen.
Wenn du spürst, daß er nicht mehr da ist, atme tief durch, und öffne die Augen.

Wenn es mehrere Stellen gibt, bei denen Sie finden, daß sie nicht zur Gesamtform des Körpers passen, dann machen Sie diese Übung mit jeder Stelle, um zu erkennen, wo sie herstammt. Sie werden davon fasziniert sein und außerordentlich davon profitieren, sich von einer anderen Warte aus zu sehen. Einige der Bilder werden Sie belustigen; Sinn für Humor ist ein notwendiger Bestandteil der Selbsterkenntnis und Selbstakzeptanz.

Manchmal sind es nicht nur Körperteile, sondern ganze Bereiche, die aus dem Rahmen zu fallen scheinen. Man sieht zum Beispiel oft, daß die untere Hälfte des Körpers sehr maskulin wirkt, während die obere Hälfte weiblich ist. Oder es kann auch genau umgekehrt sein, indem der Oberkörper sehr stark entwickelt ist und der untere Teil schwach. Obschon jeder von uns zur Hälfte Frau, zur Hälfte Mann ist, scheint es doch ein schlechter Scherz des Schicksals zu sein, wenn man so offensichtlich zusammengesetzt aussieht. Es sagt uns aber etwas aus über das Thema: Es hat im wesentlichen mit dem Gleichgewicht von Yin und Yang zu tun. Manchmal scheint der Körper mittendurch gespalten zu sein, und die linke Seite, die das Yin oder Weibliche darstellt, und die rechte, die Yang- oder männliche Seite, unterscheiden sich stark. Auch die Gesichtshälften sind oft sehr verschieden voneinander.

Wenn Sie sich immer auf der gleichen Körperseite verletzen, können Sie sicher sein, daß dies auf die Beziehung von

Yin und Yang hinweist. Yin steht für die inneren, verborgenen, weiblichen Eigenschaften, Yang drückt die äußeren, manifesten Attribute des Männlichen aus. Wenn Ihr Körper irgendwie unterschiedlich zusammengesetzt erscheint, drückt er aus, wie wichtig es für Sie ist, Ihre männlichen und weiblichen Energien zu integrieren. Man kann daran arbeiten und ein neues Gleichgewicht erreichen, indem man mit dem Wesenhaften seines Inneren Mannes und seiner Inneren Frau arbeitet. Man spürt dann einen dramatischen Wandel in der Qualität des Seins. Multiinkarnationsarbeit ist unglaublich nützlich, um die wichtigen Körper zu klären, die man in seinem Repertoire behalten hat und die dem Thema »Männlich/Weiblich« entsprechen. Gewisse Kulturen drükken in ihrem gesellschaftlichen Lebensstil vorwiegend Yang oder Yin aus. Die Römer, Wikinger, Atlantiden, Galaktischen, Mongolen, ja sogar die Amerikaner können als entschieden Yang-orientiert gelten, weil sie stark auf die Außenwelt ausgerichtet sind. Indien, Tibet, Indonesien und die meisten Inselkulturen, ebenso wie die Reiche der Engel und Devas bieten die Yin-Perspektive, indem sie Wert auf die inneren oder unsichtbaren Bereiche legen.

Jeder Mensch auf dieser Erde hat alle Rassen erlebt, und unser Stammbaum geht nicht weiter als bis zu unserem vierundvierzigsten Vetter; wir sind also als Art alle viel näher miteinander verwandt, als viele Leute wahrhaben wollen. Nur die starren Gedankenformen, die uns durch unsere verschiedenen kulturellen Vorgaben zu eigen sind, lassen uns an der tragischen Illusion festhalten, daß wir die Einheit nicht finden können.

Obwohl es zu einfach wäre, wenn wir Körpertypen ausschließlich in rassischen oder kulturellen Kategorien zusammenfassen wollten, haben doch Anthropologen und Anatomen bestimmte Attribute der fünf großen rassischen Familien gemessen und beschrieben, die sich offenbar im Lauf der Evolution ihrer Umwelt angeglichen haben. Auch ohne diese Einzelkenntnisse können wir den Nachhall jener Körpertypen selbst entschlüsseln, wenn uns daran liegt, unser reiches menschliches Erbe zu erforschen. Es gibt bestimmte Nuancen, Profile und Modulationen, die uns Winke geben in bezug auf Geburtsrechte, seien sie nun multiinkarnierten Ursprungs oder durch Blutsverwandtschaft erworben.

Meine Schüler und ich besprachen die unterschiedlichen Körper, die wir in verschiedenen Leben hier trugen, um zu sehen, wie sie sich jetzt in uns spiegelten. Es war wirklich erstaunlich zu entdecken, wie leicht sie sichtbar wurden. Schon sahen wir die Indianer, Mongolen, Afrikaner, Lemurier und Druiden anhand der Augenform, der Kurve einer Hüfte, der Fingerlänge. Alle homogenen Gruppen haben Züge, die für sie charakteristisch sind, doch es ist ebenso erhellend zu bedenken, wie das »Körpergehäuse« die für die Gruppe relevanten Themen in sich birgt und sie betont.

Sie fragen sich vielleicht, weshalb Sie auf andere Körper Bezug nehmen sollten, oder vielleicht lehnen Sie die ganze Sache überhaupt ab. Derartige negative Gefühle gehen zurück auf die Schlußfolgerungen, zu denen Sie aufgrund Ihrer Erfahrungen in verschiedenen Leben gelangten. Vielleicht reagieren Sie negativ auf eine andere Kultur wegen übernommener Erinnerungen aus einer Epoche, in der Sie dieser Gruppe feindlich gegenüberstanden, oder vielleicht haben Sie gelitten und starben, weil Sie selbst zu jener Gruppe gehörten. Diese Prägungen sitzen im Zellgeist und beeinflussen unsere irrationalen Gefühle in bezug auf andere. Als

Seelengruppe können wir es uns aber nicht mehr leisten, diese Energien mit uns in die Zukunft zu tragen.

Denken Sie nach über die Körper, die Sie in der Übung sahen, und beobachten Sie, was sich bei Ihnen hinsichtlich der Themen jener Erfahrungen meldet. Es ist im allgemeinen sehr nützlich, die Erfahrung aus der Perspektive der Themen zu sehen. Wenn Sie beispielsweise eine negative Gewohnheit haben, schauen Sie sich das Thema an, das sie ausdrückt; Sie werden Klarheit gewinnen und sie nicht mehr zu wiederholen brauchen. Wenn Sie Beziehungsschwierigkeiten haben, betrachten Sie die wichtigsten Themen, denen Sie dadurch begegnen, und arbeiten Sie an den Themen statt an der Beziehung selbst. Vielleicht ist Ihr Thema Abhängigkeit, Projektion, Freiheit, Treue, Eifersucht. Im Alltag werden Sie sich immer wieder Partner suchen, die das Spiel mit Ihnen wiederholen, bis Sie endlich diese Themen loslassen. Es geht nicht um den Partner, es geht um das Thema!

Wenn wir eine kleine Reise um die Erde und durch die Zeiten machen, können wir uns selbst analysieren, indem wir über einige unserer Vorfahren sprechen und die allgemeinen Themen, mit denen sie sich befaßten. Die Lebensmuster vieler Kulturen gründeten auf geistigen und mystischen Werten, die ihrem Dasein einen Sinn gaben. Es war entscheidend wichtig für sie, in der Unendlichkeit des Alls ihren Platz zu finden. Sie fanden die Erklärung aller Dinge, indem sie fest zusammenhängende Kartogramme der gegenseitigen Verbindungen schufen. Sie beschrieben den Sinn des Menschendaseins durch ihre Beziehung zu den Elementen, dem Geist in allen Dingen, durch die Mysterien, denen sie Namen gaben, und für den Umgang mit ihnen schufen sie komplizierte symbolische und rituelle Formen der Kommunikation. Ihre Wirklichkeit gründete auf ihrer Beziehung zu den Göttern und den Geheimnissen der unsichtbaren Welten.

Die Kultur von Atlantis war der Ursprung vieler Zivilisationen. Die Atlantiden drückten ihnen vor mehr als fünfzigtausend Jahren ihren Stempel auf. Sie kommunizierten mit Wesen aus dem Kosmos, und obschon sie mehr auf die galaktischen Aspekte der Technik und das Thema der Manifestation ausgerichtet waren, verursachten sie durch die Manipulation der Erbmasse und ihre Fähigkeit, neue Arten zu entwickeln, auch die Ursprünge von dem, was spätere Zivilisationen als Götter ansahen. Sie spielten mit dem genetischen Material, indem sie es neu kombinierten und dabei Geschöpfe wie Zentauren oder den Pegasus schufen sowie viele andere, die dann zum Pantheon der griechischen Götter wurden. Sie verbanden sich mit Riesen und Zyklopen und anderen »Experimenten« ihrer eigenen Erfindung oder aus anderen Bereichen der Galaxie Gesandten, bevor sie ihre Grenzen überschritten und sich selbst zerstörten. Kurz vor jenem umwälzenden Ereignis wanderten einige Atlantiden auf andere Kontinente aus und pflanzten den Keim für spätere Kulturen. Ihr Auszug beschleunigte die Entwicklung der Ägypter, Hindu und Maya, die dann die aus den Erfahrungen der Atlantiden hervorgegangenen Mythologien an die Griechen, Römer, Inka und Azteken weitergaben.

Die Ägypter entwickelten ihre Stärken über Bewußtseinsebenen, die aus anderen Dimensionen, ja sogar aus anderen Welten stammten. Ohne Zweifel wurden sie, wie die Atlantiden auch, von außerirdischen Wesen beeinflußt. Mit ihren leichten, kleinen Körpern konnten sie durch die Unterwelten und jenseits davon reisen. Sowohl die Ägypter als auch die Maya versuchten die Gestalt ihrer Köpfe zu verändern, um eine Form zu spiegeln, die sie als geistig hochstehend empfanden. Sie wandten äußerliche Maßnahmen an, um eine fliehende Stirn und einen abgeflachten Hinterkopf zu schaffen und die Erleuchtung der Priester zu betonen – vielleicht im Bestreben, etwas nachzuahmen, was sie anderswo gesehen hatten.

Wir erbten nicht nur Götter und galaktische Wesen von den Atlantiden, wir haben auch das um den Einsatz der Macht kreisende Kernthema von ihnen geerbt. Als sie den androgynen Körper in weibliche und männliche Wesen trennten, konzentrierten sie sich auf den individuellen Willen. Die Atlantiden entdeckten die Herausforderung der persönlichen Macht. Sie mißbrauchten diese Macht, und heute sind wir wieder am gleichen entscheidenden Punkt, an dem sie sich befanden, in ganz ähnliche Themen verstrickt. Hoffentlich werden wir uns für Dr. Spocks Axiom: »Zum Guten des Ganzen« entscheiden – statt für das, was für den einzelnen gut ist – und dabei erkennen, daß wir zusammenarbeiten müssen. Es ist zu spät für das alte Machtspiel auf unserer Erde. Es geht auch anders.

Die Römer brachten das Machtspiel in den körperlichen Bereich. Ihre Körper waren für schwere Rüstungen angelegt, mit starken Beinen, die gut marschieren und erobern konnten. Wenn Sie diese physischen Attribute haben, überlegen Sie sich einmal, was Sie über die Kunst des Eroberns in der heutigen Zeit lernen und wie Sie diese sehr männliche Yang-Energie ausdrücken könnten, daß sie wirklich dem Ganzen dienlich wäre. Die Römer setzten die Yang-Elemente des Manifestierens und Strukturierens ein, um ein Staatsgebilde und Gesetze zu schaffen und so dem Leben und ihrer Kultur einen Brennpunkt zu geben.

Die Chinesen haben ebenfalls weltliche Gesetze geschaffen, die auf ihren Philosophien beruhten, und sie nutzten sie für göttliche Inspiration. Sowohl die Chinesen als auch die Tibeter wurden von den Lemuriern beeinflußt, deren Zivilisation sehr weit entwickelt war und großartige soziale Strukturen besaß. Sie gingen den Atlantiden voraus.

Es gibt noch viele esoterische Themenkörper, die wir betrachten können und die von unseren Beziehungen zu anderen Welten und anderen Wirklichkeiten sprechen. Die herzförmigen Gesichter des Feenreiches, das die Naturgeister umfaßt, sind in allen Kulturen zu erkennen. Das Engelreich lehrt uns tiefe Weisheiten über bedingungslose Liebe, Hervortreten und Geduld. Die verschiedenen »Gattungen« von Engeln sind für uns leicht zu erkennen. Dann gibt es viele Variationen galaktischer Themen, auf die die schräge Stellung, die Größe oder Form der Ohren ein Hinweis sein mag. Die galaktischen Wesen wecken unsere Bewunderung wegen ihrer hochentwickelten Technik, und sie halten uns einen Spiegel vor in bezug auf unser eigenes Dilemma, das Verbindungsglied zwischen der materiellen Technik und den geistigen Bereichen zu entdecken.

6 Auf der Stelle treten

Ich weiß, daß Sie zu bestimmten Zeiten in Ihrem Leben das Gefühl hatten, Sie könnten nicht voll im Hier und Jetzt stehen, ja nicht einmal im Körper anwesend sein. Manchmal ist es einfach zu schmerzlich, uns den Schwierigkeiten zu stellen und die Entscheidungen zu treffen, die unnachgiebig von uns gefordert werden. Die tägliche Flut von Wahlmöglichkeiten und Informationen ist oft überwältigend. Gerade dann schaltet sich die empfindungslos machende Wirkung eines Scheintodzustandes ein, und man rettet sich in eine verschwommene Sicht der Dinge. Es ist ein Zustand, den ich den automatischen Piloten nenne. Er läßt uns gerade noch funktionieren, doch ist es bestimmt nicht ein Teil des wahren Lebens, der in unserer Erinnerung herumstochert und uns endlos vor den Spiegel absoluter Klarheit bringt, von dem wir in Trance wieder zu unserem eigenen Bild zurückkehren.

Wenn man sich nie gefragt hat, worum es im eigenen Leben geht, kann man auch nicht ergründen, wie man es richtig einsetzen könnte. Vielleicht haben Sie den Eindruck, das Leben benutze Sie; tatsächlich benutzt uns das ganze Universum. Es benutzt Sie und mich als Experiment des göttlichen Ausdrucks. Können Sie sich vorstellen, daß Sie möglicherweise im ganzen Universum existieren? Die menschliche Form ist sicherlich nicht universell, doch das universal Wesenhafte ist – jedenfalls zum Teil – menschlich. Das Wesenhafte ist für das Leben von Entscheidung. Das Wesenhafte braucht sich keinen Körper zuzulegen, doch der Körper kann ohne Wesenhaftes nicht leben. Ihr Körper ist reich an göttlich Wesenhaftem, das auf Ihr Bewußtwerden wartet.

Es gibt unendlich viele Möglichkeiten, sich von den Grundfragen des Lebens abzulenken: durch Beziehungen und Illusionen, materielle Dinge und Träume. Alle Ablenkungen geben Ihnen vielleicht das Gefühl, sich mühevoll abzustrampeln, und daß all Ihre Tätigkeiten nichts bewirken, außer Sie über Wasser zu halten. Sie sind in der Schwebe hier, Sie warten darauf, daß etwas, an das Sie sich nicht erinnern, sich ereignet oder wiederholt. Tatsächlich warten Sie darauf, daß sich die kritische Masse ergibt, in der alle notwendigen Elemente sich vereinigen, um eine Veränderung zu bewirken, eine Evolution einer Situation oder ein Wandel Ihres Seins. Es ist unmöglich, von außen die Kräfte zu erkennen, die diese Energien zusammenbringen, doch sind sie ertastbar in der geschehnisträchtigen Leere des Bewußtseins. Man weiß, daß etwas geschehen wird, aber man erkennt nicht, daß das, worauf wir warten, genauso auf uns wartet!

In den letzten Tagen oder Augenblicken vor dem Tod habe ich Menschen sagen hören: »Ich habe mein ganzes Leben lang hierauf gewartet!« Sie sprechen von der Erleuchtung, die auf sie niederrieselt, wenn ihr Ego sie nicht mehr vor der Wahrheit abschirmt. Sie haben das krampfhafte Sich-über-Wasser-Halten in ihrem Leben aufgegeben und lassen sich einfach von den Erinnerungen und Erfahrungen tragen, die sie während dieser ganzen Existenz erfüllten. Wenn es dem Ende zugeht, bewegen sich die Sterbenden aus dem Körper und wieder hinein, hin und her, als ob sie sich im Sterben üben wollten. Sie finden Zugang zu den Energien anderer Dimensionen, die im Zuge ihrer Seelenevolutionsreise ein Teil ihrer selbst sind.

Wenn sich alles rasch abspielt, kommt es zu einer Nebeneinanderstellung von Zeit und Raum, und plötzlich wird das Leben als gleichzeitig ablaufend gesehen. Aus diesem Grund haben wir den Eindruck, daß das Licht uns entgegenkommt und uns mit sich fort trägt. In Wahrheit brechen wir aber durch den Schleier und erleben das Licht, das schon immer und gleichzeitig in dieser Existenz anwesend war.

Wir haben tatsächlich die Fähigkeit, in gleichzeitigen Wirklichkeiten zu leben; die meisten von uns tun das schon. Es ist kein allzu schwieriges Konzept, wenn man bedenkt, daß gemäß kosmischem Gesetz der Körper dem Geist nachfolgt. Wenn der Geist einen Gedanken faßt, führt der Körper ihn aus. Stellen Sie sich vor, wie die grenzenlose Seele einen Partikelfunken ihrer selbst in einen Körper gibt. Sie kann im gleichen Flackern Funken in alle Richtungen und in irgendeinen anderen Körper schicken. Die Seele beteiligt sich gleichzeitig an mehreren Leben, weil dies eine holografischere Art des Lernens ist; das Thema kann aus allen Richtungen des Kreises beleuchtet werden. So kann zum Beispiel der menschliche Körper sich zum göttlichen Bewußtsein zurück ausdehnen, indem der Mensch die Engelsaxiome der bedingungslosen Liebe und Barmherzigkeit übt, während der Engelskörper die kosmischen Frequenzen verankert, indem er sich an die physische Form anschließt und mehr über die menschliche Dynamik lernt. So können Engel besser dienen, während der menschliche Samen mit der engelhaften Codierung gestärkt wird.

Gleichzeitige Leben bieten eine hervorragende Schnittstelle zwischen den Welten und sind zu einem wichtigen Inkarnationsthema geworden, das dem jetzigen Punkt der Erdevolution entspricht. Es gibt zur Zeit viele Engel-Menschen auf Erden. Vielleicht gehören Sie auch dazu.

Die Schwierigkeit der Gleichzeitigkeit liegt in der Notwendigkeit, zwei Simulationsfrequenzen zusammenzubringen, so daß sie sich gegenseitig stützen können, statt daß jede sich um Ausdruck bemüht. Statt die potentielle Ekstase zu erleben, die sie bieten können, leidet man womöglich, weil man sich dieser Tatsache nicht bewußt ist und deshalb das Gefühl hat, man sei auf seltsame, unerklärliche Art mißraten. Es kommt zu einer Faszination für das Höhere, und man sehnt sich danach, an diese höheren Frequenzen angeschlossen zu sein, wobei gleichzeitig eine Abwertung der menschlichen Erfahrung erfolgt.

Sind Sie ein Träumer, der anscheinend unfähig ist, mit seinem Leben etwas anzufangen? Vielleicht befassen Sie sich unbewußt mit gleichzeitigen Existenzen, indem Sie eine Art Schaukeleffekt erzeugen. In Ihrem Bewußtsein sind Sie im einen Augenblick hier, im nächsten fühlen Sie sich weit entfernt, als ob Sie einer anderen Wirklichkeit lauschen würden. Natürlich sind Sie auf einen anderen Ort eingestellt, aber Sie finden nur Zugang zu ihm, indem Sie tagträumen und in einer Art Bewußtlosigkeit verweilen.

Gleichzeitige Leben sind keine Entschuldigung, seine Verantwortung nicht zu übernehmen; im Gegenteil, sie erfordern ein noch größeres Engagement, seinen Lebenszweck innerhalb eines größeren Ganzen zu erfüllen. Wenn man entdeckt, daß man gleichzeitig noch ein anderes Leben lebt und der Schleier zwischen den beiden entfernt wird, kommt es zu einem Aufwallen der Energie. Die beiden getrennten Leben treffen dann in einer großartigen Fusion der Energien aufeinander.

Wenn am Light Institute ein gleichzeitiges Leben enthüllt wird, weben wir die beiden Existenzen sehr sorgfältig ineinander, damit die Person sich besser in ihren Körper integriert fühlt. Jedes parallele Leben hat einen »Angelpunkt«, durch den dessen Energien auf den Körper einwirken. Wenn man einmal diesen Angelpunkt lokalisiert hat, kann man beginnen, bewußt am Verknüpfen der Energien der beiden Leben teilzunehmen. Wenn man Informationen oder eine besondere Frequenz braucht, die im Parallelleben vorhanden ist, kann man durch diesen Angelpunkt Zugang dazu finden. Auf ähnliche Weise kann das menschliche Wissen erweitert werden, um das Verständnis zwischen verschiedenen Dimensionen und Spezies zu erhöhen, indem wir die wertvolle Aufgabe des Vermittlers erfüllen.

Wenn das gleichzeitige Leben das eines Gottwesens ist, wird am Light Institute der Behandelnde auch die DNS öffnen, um deren Rolle im Zellgeist zu aktivieren und zu verstärken. Wenn man das größere Hologramm seiner Existenz entdeckt hat, findet man großen Frieden in der Synthese derart erweiterter Lebensbühnen.

Viele gleichzeitige Leben sind verbunden mit anderen Dimensionen wie zum Beispiel der Astralebene, wo der Zeitbogen ausgedehnter ist, so daß das Bewußtsein in jenem Raum sich in einem Wesen vereinen kann, das gleichzeitig mit dem einen »Partnerleben« in der anderen Dimension mehrmals in verschiedenen Körpern inkarniert. Dies ist beispielsweise der Fall mit galaktischen Leben, die über das Erdenleben hinaus weiterdauern können, da der menschliche und der galaktische Zeitrahmen ganz verschieden sind.

Nachstehend die Geschichte eines sanften Mannes, der eine dienende Rolle in einem kosmischen Auftrag erfüllte, jedoch darin so gefangen war, daß er seinen menschlichen Körper wieder zurückfordern mußte: »Es ist vor langer Zeit nach irdischer Zeitrechnung. Ich bin eine kleine Energie und fliege durch die Galaxie. In mir herrscht großer Friede; meine Gestalt ist azurblau und hat die groben Umrisse und die Form eines vierjährigen Jungen. Ich bin sehr weise, aber unschuldig und auch sehr alt.«

Es ist wichtig, hier zu erwähnen, daß er in seinem jetzigen Leben im Alter von vier Jahren entdeckte, wie er in andere Dimensionen umschalten kann.

»Ich will spielen, mich ausdehnen. Ich konzentriere meine starke Absicht und schlüpfe einfach hinaus ins All. Ich fühle mich frei, voller Freude, und doch habe ich den Eindruck, ich schleiche mich von meinem Körper weg ... Ich bin unter den Sternen zu Hause, umgeben von Licht, und das All ist übersät mit Milliarden funkelnder Diamanten. Ich kann Gottes Herzschlag in allem pulsieren spüren. Ich blicke zurück auf meinen menschlichen Körper und spüre die Spannung und Intensität, weil ich mich in seiner Form nicht wohl fühle ... Ich spiele weiter auf dem Spielplatz des Kosmos, doch tief in mir weiß ich, daß ich zurückgehen sollte, daß es unangebracht ist, jetzt hier zu sein ... Andere Sternenkinder kommen zum Spielen, doch ich muß zurück; ich darf nicht spielen. Ich habe auf Erden eine Aufgabe zu erledigen: Ich soll das Licht in den Menschen verstärken. Sobald ich das verstanden habe, fühle ich mich nicht mehr belastet, da ich weiß, daß eine Zeit kommen wird, zu der ich ausruhen und spielen darf. Ich sehe meinen Kristallichtkörper mit meinem irdischen Körper verschmelzen, und er strahlt dabei ein starkes blaues Licht aus. Im Augenblick der Integration erinnere ich mich daran, daß das Licht in uns ist und daß jetzt die Zeit gekommen ist! ... Während ich so durch den Raum dahinschwebe, höre ich einen Ruf, der wie ein feines Kräuseln durch den Kosmos hallt. Er entspringt der göttlichen Quelle und wird ausgesandt vom Großen Rat aller Galaxienwesen: ›Zur Zeit läuft auf Erden ein Versuch, und wir brauchen dazu Freiwillige.‹ Ich weiß sofort, daß ich gehen muß. Ich habe den Eindruck, daß es nicht viele Wesen gibt, die für diese Mission tauglich sind. Ich weiß, daß ich bereits früher bei anderen Aufträgen in andere Dimensionen gegangen war als Botschafter des Wandels, als Beobachter und Kurier des Großen Rates ... Ich bin ein vom galaktischen Rat veranlaßtes Experiment; ein Mensch mit einem galaktischen Schild. Ich werde das Licht hochhalten und als Fenster am Himmel dienen, durch das die galaktischen Wesen das Experiment Mensch beobachten können ... Die erste Episode beginnt damit, daß ich in einer Höhle eine Metalltreppe hinuntergehe, die ins Innere der Erde führt. Am Ende einer Plattform stehen Menschen, die auf mich warten. Sie sind wach, scheinen aber in Trance zu sein. Ich gehe zu ihnen und stehe gleich neben ihnen. Ich sende blaues Licht aus und lasse sie wissen, daß ich ihnen zeigen werde, wie man in andere Dimensionen gelangt und wohin sie sich als nächstes begeben sollten ... Es ist, als ob man sie an etwas erinnert oder sie wieder erwachen, so daß sie von neuem wissen, wie sie weiterkommen können. Ein Gefährt aus blauem Licht kommt, und ich pendele zwischen der Erde und anderen Dimensionen, wobei ich die Leute hin- und herfahre und sie beschwichtige, daß alles in Ordnung ist. Ich habe die Fähigkeit, ohne Anstrengung die Dimensionen zu durchbrechen.

Beim nächsten Leben lande ich im 12. Jahrhundert und versuche, das Licht hochzuhalten ... Ich bin ein Ritter, prächtig in meiner Rüstung, unerschütterlich und treu, hoch zu Roß auf einem großartigen Pferd. Ein Licht kommt vom Himmel, das über meinen Gold- und Silberchakren flimmert. Ich bin das Ankerelement für dieses Licht auf Erden. Um mich herum ist ein Krieg im Gange. Nebel bedeckt das Land und dämpft die Schreie der Sterbenden und das Schwertergeklirr. Mitten in diesem Chaos bin ich ganz ruhig. Ich halte Gottes Schwert fest in mir. Es gibt mir die Botschaft, die Zeit sei gekommen, daß jeder erwache. Engel tragen die Leichen flink, aber sanft und ohne Kommentar oder Urteil in den Himmel hinauf. Es herrscht große Trauer angesichts des Gemetzels. Als ich schließlich aus jenem Leben freigelassen werde, trägt mein Bewußtsein noch den Bodensatz der irdischen Wirklichkeit und Erfahrung mit sich fort ... Ich spüre allen Schmerz, und nun fühle ich auch menschliche Wut gegenüber dem Rat, weil die Ratsmitglieder nicht mitempfinden, wie es sich anfühlt, einen Emotionalkörper zu haben. Ich verstehe, daß der Rat von unseren Erfahrungen lernen will, doch ich stecke fest zwischen diesen beiden Welten ... Mein Körper ist geschützt durch eine galaktische Silberenergie, die um meine Rüstung herum ausstrahlt. Ich bin ein Mensch in einem galaktischen Silberanzug. Es ist, als ob die beiden Körper ihre Kerne miteinander zu einem einzigen verschmolzen hätten. Die menschliche Form pulsiert voller Barmherzigkeit, und im Zentrum dieser kombinierten Form steckt ein bebendes Herz. Die galaktische Form strahlt voll Schutz und höherem Wissen. Sie manifestiert sich in diesem Körper als Silberrüstung. In diesem Leben habe ich einen Körper geschaffen aus menschlichem und galaktischem Erbe: ein menschliches Herz, galaktische Energie. Er dient als Gefäß auf Erden, damit andere sehen können, wie es hier ist. Ich fühle mich mit allen und allem verbunden …

Es gibt ein drittes Leben, in dem bin ich ein Soldat in den schlammigen Schützengräben Frankreichs im Ersten Weltkrieg. Wieder bin ich nur ein Beobachter und halte Verbindung zum Licht vom Rat der galaktischen Wesen. Doch nun verstecke ich das Licht, da es zuviel Leiden verursachte bei Leuten, die zwischen den beiden Realitäten steckenblieben … Mein Kopf beginnt zu klopfen, da die Galaktiker und deren Licht versuchen, durch mich auf die Erde und in die Dichte meines hiesigen Körpers zu kommen. Ich habe das Gefühl, sie versuchen alle, sich in mir zusammenzudrängen und zu sehen, was los ist. Ich werde überrollt und habe zuwenig Platz für mich selbst. Der galaktische Rat drängt mich, mir genauer anzusehen, was geschieht, und ich kann nicht verhindern, daß ich die emotionale Angst der Sterbenden in meinen Körper übernehme, der sich nun sehr schwer anfühlt. Der galaktische Rat hatte mir die Fähigkeit eingepflanzt, negative und dunkle Kräfte in meinen Emotionalkörper aufzunehmen, damit ich sie umwandeln kann. Wie ein Alchimist soll ich die niedrigen Energien ins Licht hinüberbringen. Dies ist ihr Experiment, für das ich der Prototyp bin … Ich beschließe zu sterben. Als mein Licht sich von meinem Körper freisetzt, erscheint ein Außerirdischer an meiner Seite und versucht, in mein Sonnengeflecht zu greifen, um mein Licht zu kriegen. Nicht alle galaktischen Spezies arbeiten auf Seiten des Lichts ... Ich halte in meinem sterbenden Körper einen Raum offen und dehne mich nach oben aus, aus der Dreidimensionalität hinaus, und dehne mich aus in alle anderen galaktischen Dimensionen. Ich fühle mich ausgeweitet, aller Daseinsebenen bewußt. Ich bin wie ein Sturmwind, der durch das Universum wirbelt und die Botschaft verbreitet, daß dies nicht zugelassen werden darf. Der menschlich-galaktische Wirbel, der ich bin, trägt die Emotionen und Schwingungen von Töten und Krieg. Ich versuche, allen galaktischen Gattungen zu zeigen, was es bedeutet und – noch viel wichtiger – wie es sich anfühlt. Ich höre meine innere Stimme zu den um mich herumschwärmenden Galaktikern sagen: ›Laßt es mich jetzt auf meine Weise versuchen‹ ... Sie müssen uns loslassen und dürfen uns nicht so mißbrauchen, da sie nicht wahrnehmen können, welche Schmerzen es verursacht.«

Zum Schluß der Sitzung tat dieser Mann viel Arbeit, um die Rückstände des menschlichen Schmerzes und der galaktischen Manipulation loszulassen. Er ist von seinem Abkommen, als spezieller Kanal zwischen den Dimensionen zu dienen, entbunden, aber er wird das Licht hier sichtbar tragen und weiterhin mit dem galaktischen Rat kommunizieren, und zwar aufgrund seines freien Willens und bewußt. Er hat seinen menschlichen Körper aus seinem höchsten Potential heraus, durch Licht befruchtet, zurückgefordert.

Das Bewußtmachen gleichzeitiger Realitäten könnte eine starke Wirkung auf unsere Bereitschaft haben, unser Leben auf den höchsten Schwingungsebenen einzusetzen, während wir aktiv die sozialen und kulturellen Muster auflösen, die für eine friedliche Zukunft nicht dienlich sind. Sogar die alltäglichen Verabredungen darüber, was wir im Rahmen unserer karmischen Familienbande zu tun haben, müssen geklärt werden. Ich erinnere mich an eine Frau, eine brillante Fotografin und Journalistin. Sie war ein Einzelkind und mühte sich mit einer Art Pflichtgefühl ab, da sie weder geheiratet noch Kinder gehabt hatte. Sie sehnte sich nach einer Beziehung, doch fühlte sie sich überhaupt zu niemandem hingezogen. Oft träumte sie von einer sanften, weit entfernten Liebe und einem Gefühl, Kinder zu haben. Dies blieb für sie ein Rätsel, bis sie Sitzungen am Light Institute hatte und dabei entdeckte, daß sie in einem Parallel-Leben in einer anderen Dimension einen Partner und zwei Kinder hat, die für sie das Licht halten, damit sie hier auf Erden eine Mission geistiger Art durchführen kann. Von jenem Augenblick der Erkenntnis an begann sie spirituell zu arbeiten. Sie spürt, daß sie eine Menge liebende Unterstützung von jener entrückteren Ebene erhält, was ihr gestattet, ihr hiesiges Leben voll auf innere Themen auszurichten.

Es ist Zeit, die Trennungslücke zu schließen und uns in eine umfassendere, universale Wirklichkeit zu begeben, die schon die ganze Zeit um uns herum besteht, ohne daß wir sie erkannt haben. Wenn wir Wege finden, diese Frequenzen mit unserer Wirklichkeit in Übereinstimmung zu bringen, werden wir nicht mehr so sehr dem Zwang unterliegen, destruktive Alternativen wie zum Beispiel Alkohol und Drogen zu wählen, um aus einer Welt auszubrechen, die wir nicht aushalten.

Drogen führen uns zurück in eine Astralsuppe auf der dunklen Seite des Karma, in der wir schon allzu lange verharrt haben. Es gibt Wirklichkeiten tiefster Verzweiflung, die auf den Weltraumreisenden warten, der sich unter der Führung externer Energien hinauswagt. Ein paralleles Erlebnis in einem Zwischenbereich außerhalb der Zeit kann einen Teil des Geistes gefangenhalten und unser hiesiges Leben negativ beeinflussen. Zwischendimensionale Räume sind Daseinsebenen, in denen gefangene Geister gefoltert werden oder andere ganz mechanisch martern. Es sind die Reste der niedrigsten galaktischen Experimente. Was das Fegefeuer für die Menschen ist, das sind die zwischendimensionalen Räume für die galaktischen Frequenzen. Die Wesen dort tragen sehr viel Metall an sich. Ketten und Waffen stehen auf ihrem Programm, und sie kennen keine menschliche Emotion außer körperlichen Schmerz.

Zur Zeit findet wegen des Drogenmißbrauchs ein gefährliches Durchsickern der zwischendimensionalen Energien auf der Erde statt. Gehen Sie einmal eine Straße in einer nahezu beliebigen Stadt der Welt entlang, und Sie werden überall das Metall und die Ketten zur Schau gestellt sehen. Man nennt dies einen Modetrend. Doch nein, es gemahnt an den Versuch, eine Illusion der Macht zu verbreiten.

Wir befinden uns in einer Ära der Extreme, in der die Kämpfe zwischen Licht und Dunkel, die im ganzen Kosmos stattfinden, hier auf Erden gespiegelt und ausgetragen werden, als ob wir das Schachbrett wären, auf dem andere, noch monströsere Kräfte die Vergangenheit wiederholen und auf die Zukunft lauern.

Schizophrenie

Es gibt Aspekte des Auf-der-Stelle-Tretens im Leben, die einen Kampf verursachen können, weil die Rückstände von Erfahrungen sich mit der jetzigen Wirklichkeit derart vermischen, daß wir keine Beziehung zu unserem Selbst haben. Wir haben bereits über den Wert des Erforschens energetischer Ungleichgewichte gesprochen und wie die Störungen oft verschwinden, wenn wir sie im Ursprung, an der Quelle klären. Dies gilt für Phobien, wie wir sie im Kapitel »Der Körper spricht« erwähnt haben.

Ein besonders wichtiges Beispiel für Auswirkungen von Rückständen aus Multiinkarnationen ist die Schizophrenie. Die Person, die unter dem Wahn anderer Stimmen oder Persönlichkeiten leidet, hängt in den innerdimensionalen Räumen fest, wo sehr viel Furcht verbreitet wird. Die Stimmen haben oft mit negativem Verhalten oder Mißbrauch im Namen hochtrabender Ideen zu tun, was vom Bedürfnis des Selbstschutzes bis zum Auftrag, als Retter der Welt oder Geißel Gottes zu fungieren, reicht. Es ist kein Zufall, daß bei einem außerordentlich hohen Prozentsatz der Schizophrenen, mit denen wir am Light Institute gearbeitet haben, ein Mißbrauch-Thema versteckt war. Sehr häufig ist es sexueller Mißbrauch, der einen derart dunklen Schatten wirft, daß man ohne weiteres versteht, weshalb dieser Mensch es vorzieht, über eine andere Persönlichkeit zu leben, um nicht dauernd vom Schmerz einer Erinnerung verfolgt zu werden – auch wenn diese von der Psyche bereits verdrängt worden ist. Der Schizophrene wählt sich vielleicht eine Persönlichkeit, die sich wehrt und zur besseren Verteidigung angreift, oder ein Paranoiker sieht Gefahr in jedem Blick und in jeder Energie, die auf ihn zukommt, weil er dadurch geprägt ist, daß ihn in der Vergangenheit eine angreifende Kraft überwältigte. Es ist atemberaubend zu sehen, wie ein Schizophrener durch die Entdeckung, daß die andere Persönlichkeit ein ihm eigener Körper ist, der parallel zum jetzigen Leben existiert, geheilt wird.

Ein gutes Beispiel ist eine junge Frau, an die sich acht Persönlichkeitsreste geheftet hatten. Sie war fünf Jahre lang in psychiatrischer Behandlung gewesen und hatte zeitweise dank besonderer, die Aggressivität senkender Drogen mehr oder weniger funktionieren können. Sie kam ans Light Institute auf Anraten ihres Psychiaters.

Wenn jeweils eine der verschiedenen Persönlichkeiten auftrat, führte sie der Therapeut zurück zu dem Augenblick, da sie erstmals von dieser Stimme angesprochen worden war. In jedem dieser Fälle war die Stimme eine andere Inkarnation ihrer selbst – inzwischen haben wir herausgefunden, daß dies immer zutrifft. Einige der Persönlichkeiten waren männlichen Geschlechts, andere weiblich, mit allen Arten von Lebenserfahrung. Aber alle hatten ein Element gemeinsam: Es war das Thema der Verletzung des Selbst, jeweils verbunden mit Furcht und Schamgefühl. In ihrem jetzigen Leben hatte diese Frau während der Pubertät sexuelle Übergriffe erlebt, und zwar weniger als ein Jahr, bevor die Schizophrenie auftrat. Da sie nicht imstande war, ihre Schamgefühle und die darauffolgende Wut zu besänftigen, gab sie ihren jetzigen Körper einfach zugunsten eines anderen auf, der sie vollständig von dieser Wirklichkeit trennte. Als die sexuellen Erinnerungen wieder auftauchten, mußten wir uns mit dem Sinn dieser schweren Prüfung aus der geistigen Perspektive des Karma befassen. Ohne die neutrale

Klarheit geistigen Verständnisses ist es sehr schwer, derartige erschütternde Erlebnisse wahrhaft und vollständig loszulassen.

Sie verließ das Light Institute nach sechs Sitzungen als neuer Mensch mit einer intakten Persönlichkeit, befreit aus dem Verlies der Schizophrenie. Seit über zwei Jahren lebt sie ohne Drogen und in gesundem Kontakt mit sich selbst. Es gibt noch andere derartige Geschichten – so viele, daß ich hoffe, daß Psychotherapeuten demnächst das Instrument der Multiinkarnationsbewußtheit als große Heilungsmöglichkeit übernehmen werden.

Wenn wir mit jemandem arbeiten, der eine tiefgreifende Entfremdung in seinem Leben spürt, entdecken wir oft, daß er nicht »alles« einsetzen kann, weil gar nicht alles anwesend ist. Ein Teil von ihm ist außerhalb des Entwicklungsprozesses geraten und flüstert immer noch die Wiederholung seines eigenen Unglücks, und aufgrund dieser Fixierung zieht er immer wieder das gleiche an diesen Körper heran. Durch zahllose Inkarnationen hindurch haben wir zwar eine oberflächliche Kenntnis derartiger Abspaltungen, die uns an unsere Hoffnungen und Sehnsüchte binden, erlangt. Solange wir ihre Reste nicht aufdecken, werden wir aber mit großer Wahrscheinlichkeit in der horizontalen Ebene der Wiederholung festgehalten.

Wenn ein Mensch im Schock oder durch Gewaltanwendung stirbt – sei es durch die Hand anderer oder seine eigene –, wird ein Teil des Geistes in der niedrigeren Astralebene, innerhalb des Astralgewebes um den Sterbeplatz herum, gefangengehalten. Dieser Geist mag sich auch irgendwo festklammern, wo sich die Persönlichkeit einst sicher fühlte, zum Beispiel an einem Spielplatz aus der Jugendzeit oder einem Ort des Mitgefühls. Wenn diese negative Energie sich kristallisiert, ist sie eine offene Einladung für gleiche Energien, die sie aussaugen, sowohl in der Astralebene als auch in anderen zwischendimensionalen Räumen.

Gelöbnisse und Verträge sind die Fäden, die den Geist in einem Netz unerledigter Themen festhalten. Wir können keine neuen Beziehungen eingehen oder das Selbst ausdrücken, weil wir aufgrund unserer emotionalen Schlußfolgerungen aus der Vergangenheit auf der Stelle treten. Überlegen Sie es sich sehr genau, wenn Sie etwas geloben oder einen Vertrag mit einem emotionalen Element besiegeln wollen. »Ich werde es dir heimzahlen« oder »Ich werde dir nie mehr vertrauen« sind Aussagen, die womöglich wiederkehren und in dem Schatten dessen herumgeistern, von dem Sie jetzt frei sein möchten. Was man sagt oder denkt ist mit genügend Energie geladen, daß es sich manifestieren kann.

Wenn jemand ein schwieriges oder negatives Leben losgelassen hat, sage ich: »Frage dein Höheres Selbst, ob noch ein Teil deines Geistes dort festsitzt«, und wenn die Frage bejaht wird, ist es für mich immer eine große Freude zu sehen, wie ein derartiger Teil des Ganzen befreit wird, denn ich weiß, daß diese Person nun – vielleicht zum ersten Mal in diesem Leben – das Gefühl haben wird, voll da zu sein. Es ist eine große Befreiung, den gefangenen Teil des Geistes zurückzuholen und in den Kosmos freizulassen. Er wird unmittelbar in reine Energie verwandelt, mit der wir den Geist des menschlichen Herzens neu aufbauen können.

Unbelastet durch Trauer kann der Geist aufsteigen in neue Höhen, wo er seine Großartigkeit zurückfordern kann. In einem Ausbruch aller Erinnerungen und ihrer Relativität kann nun eine neue Tiefe des Ewigen erlebt werden, das die Menschheit aus ihrem Dämmerzustand vergangener und zukünftiger Mythen erwecken wird.

Wir glauben, das Leben sei eine lineare Abfolge aus gestern, heute und morgen. Das ist nicht so. Alle Vergangenheit ist in uns als Energie. Vielleicht ist es ein Rückstand, eine Erinnerung, eine Gedankenform oder sogar ein Gegenstand voller Nostalgie. Das Heute erscheint als ein unendliches Reservoir für das Morgen, das sich bereits in der Gußform unserer unbewußten Einschränkungen befindet.

Die meisten von uns verlieren sich in der Linearität der dreidimensionalen Welt. Wir unterliegen der Illusion, daß wir nur ein Ding auf einmal denken oder tun könnten. Die lineare Wirklichkeit ist nur eine alte Gewohnheit des defensiven Verstandes. Da wir erwarten, daß unsere Taten und Ideen in Frage gestellt werden, verteidigen wir sie auf die rationalste, deduktiv folgernde Weise, die wir kennen. Dies ist die Ursache großer Verwirrung, denn auf diese vereinzelnde Weise können wir schlichtweg nicht alle Teile des Puzzles sehen. Wir bestehen auf *einer* Realität, *einer* Dimension und trotzen dem Sinn der Sterne über uns und der Erde unter uns. Wie Don Quichotte mit den Windmühlen sind wir gefangen in der unaufhörlichen Antwort auf den Klang unserer eigenen Stimme, die im Wind weht. Wir glauben, wir seien allein.

Geister borgen

Unsere Verbindung mit der Astraldimension besteht nicht nur aus Geistern, die dort zurückgelassen wurden. Ganze Welten von Wesen leben in den vielen verschiedenen astralen Schichten. Für die Menschen am wichtigsten sind die Reiche der Natur. Doch es sind nicht nur ihre Körper, sondern vor allem ihre Geister, die für das menschliche Potential und unsere Wirklichkeit eine wichtige Rolle spielen.

Die Schamanen aus allen Kulturen, aus jedem Winkel der Erde haben sich in Beziehungen mit Tier- und Felsgeistern eingelassen, um deren Geheimnisse kennenzulernen. Sie sind die Gestaltwandler, die sich in den Körper eines Verbündeten begeben und seine Form zur Erzielung eines bestimmten Effekts annehmen können oder um einen Wandel anzubahnen, der dann über die Grenzen der astralen Schicht hinauswirkt und in andere Dimensionen durchsikkert. Dies geschieht, weil sie die astrale Verbindungsschleuse geöffnet haben, die als Schnittstelle zwischen getrennten Wirklichkeiten dient.

Der Schamane borgt sich dabei gewissermaßen die Geister, wodurch er den Geist eines anderen Wesens annehmen kann. Es setzt große Meisterschaft und Geschicklichkeit voraus, um sich unversehrt zwischen den Dimensionen bewegen zu können, ohne dabei »besessen« zu werden.

Die amerikanischen Indianer sprechen dabei von der Notwendigkeit, den Geist des Tieres oder der Pflanze, die man ißt, zu ehren. Die Körperform anzunehmen bedeutet auch, den Geist zu übernehmen. Wenn dieses »Borgen« sorgfältig geschieht, wird der Geist seine Weisheit und Kräfte dem Suchenden schenken. Aus dem gleichen Grund

»borgen« wir möglicherweise den Geist eines Tieres, das unser Totem wird oder das die Eigenschaften darstellt, die wir zeigen oder suchen. Wir übernehmen seine Attribute, und im Gegenzug ist es aufgrund unserer Achtung für seinen Geist geschützt. Dies ist ein symbiotisches System, das die Aufrechterhaltung des Gleichgewichts in der Natur sichert.

Diese profunden Lehren müssen dringend an die zukünftigen Generationen weitergegeben werden. Wie können wir unsere Kinder – besonders die, die in Städten aufwachsen – lehren, die Natur heilig zu halten, wenn sie während ihrer ganzen Kindheit nie einem wild lebenden Tier begegnet sind? Wir können von den Indianern die Praxis übernehmen, ein Tier zu wählen, dessen Attribute oder Persönlichkeitsmerkmale denen des Kindes entsprechen, und dem Kind helfen, sich mit diesem Tier zu identifizieren und alles darüber zu erfahren, insbesondere was seinen Geist angeht. Wir können das vordergründig als Förderung der Phantasie bezeichnen, aber das Ergebnis wird sein, daß die Kinder lernen, wie man sich tief in die unsichtbaren Welten hineinfühlen kann und im Leben einen Sinn findet. Wenn sie mit dem Geist eines anderen Wesens kommunizieren, werden sie ihren eigenen akzeptieren – etwas, was die meisten Erwachsenen nie geschafft haben –, und Mutter Natur wird erneut ihre heilige Rolle als Lehrerin der Menschheit übernehmen. Es ist an der Zeit, die Indianer und andere, die diese Fähigkeiten seit Generationen angewandt haben, uns all diese Dinge lehren zu lassen.

In der Vergangenheit war der einzigartige Tiergeist eine Primärbeziehung für das ganze Leben. Nun hat sich die karmische Wandlung derart beschleunigt, daß es nötig ist, unseren Fokus während verschiedener Phasen im Leben zu verändern und Zugang zu mehr als einem Tiergeist zu suchen. Aus dem gleichen Grunde spüren Sie vielleicht, daß Sie viele verschiedene Tiere anrufen, um diese Verbindung zu schaffen.

Viele Leute versuchen heute, mittels Drogen oder indem sie mit schamanistischen Praktiken und Ritualen spielen, sich »Geister zu borgen«. Obschon die Lektionen, die man dabei lernen kann, sehr tief sind, muß der erneute Zugang zu diesen Bereichen von einer anderen Warte aus geschehen. Wir alle waren irgendwann einmal Schamanen, und unsere fehlende Eigenidentität in der heutigen Welt veranlaßt uns, verzweifelt nach etwas zu suchen, womit wir uns identifizieren können. Das Anziehende dieses magischen Lernens liegt in einer Zeit begründet, in der es viel leichter war, sich durch festgelegte Lebensformen selbst zu kennen, wie zum Beispiel durch die Schamanenrolle in einer Gesellschaft. Das Herz des Schamanen sollte jedoch jedem zu eigen sein, damit wir das Leben in allen Welten spüren und es in hilfreicher Harmonie in unser eigenes Leben einbringen.

Parallelleben, die uns etwas lehren über den Geist, der in allen Lebewesen pulsiert, bringen ein neues Gefühl der Dazugehörigkeit in unser gegenwärtiges Leben. Wir alle haben nicht nur Leben hinter uns, in denen wir mit dem Naturgeist verbunden waren, sondern einige dieser Leben spielen sich jetzt, gleichzeitig, ab!

Wenn unsere Wirklichkeit Angelpunkte zu anderen Dimensionen enthält, pflegen jene Aspekte bezüglich anderer Welten weiter zusammenzuwachsen, auch nachdem der dreidimensionale Körper sich aufgelöst hat. Geistige und emotionale Erfahrungen werden genetisches Saatgut. Aus diesem Grund können sie von Hellsichtigen ohne weiteres in der geistigen DNS erkannt werden. Die Koordinaten innerhalb der seelischen Matrix, die den überlappenden Themen entsprechen, können aktiviert werden, sobald das Bewußtsein auf irgendeinem der Punkte im Hologramm ruht, der mit ihnen assoziiert ist. Jene Leben, die auf unsere gegenwärtigen Themen Bezug nehmen, arbeiten zusammen, um unser Bewußtsein zu erweitern.

Wir erleben kaum je einmal gleichzeitige Leben auf derselben Ebene. Vielleicht gibt es Tausende von Seelenfreunden auf der Erde, die von Ihrer Seelengruppe stammen und Ihnen in ihrer Frequenz sehr nahe sind, doch sie halten Ihren Seelenfunken in einem einzigen Körper. Vielleicht können Sie diesen Funken durch Ihren Astralkörper in andere Dimensionen oder sogar an andere Orte auf der Erde projizieren, doch diejenigen, die tatsächlich versuchen, in andere Körper einzudringen, schaffen Karma durch ihre besitzergreifende Absicht.

Obschon die Grenzlinie zwischen astralem Wahn und paralleler Wirklichkeit sehr fein ist, können wir die Erfahrung, Teil einer einzigen, grenzenlosen, liebenden Seele zu sein, die sämtliche Formen und deren Ausdruck in sich enthält, zulassen, indem wir uns an unsere göttliche Quelle wenden.

Wenn wir dann einen stillen Augenblick finden, könnten wir durch die glatten Seelenkorridore gleiten, bis wir in die Mitte des Zentrums unseres Wesens gelangen. Von diesem Erleuchtungspunkt aus können wir unsere Schöpfungen ansehen: viele Körper, viele Leben. Vielleicht beginnen wir, indem wir den Zugang zum Reich der Engel zuoberst in den Astralsphären suchen. Von diesem erleuchteten Bereich aus könnten wir Himmel und Erde miteinander verbinden. Indem wir ganz sachte vorgehen, könnten wir die Tore zu den höheren Dimensionen und den Wesen öffnen, die dort auf uns warten.

Wenn die Seele sich in der Absicht, das Wachstum zu beschleunigen, ein »Schlüsselleben« wählt, wird der Seelenkörper zu einem Richtstrahl für andere Seelenfreunde, damit diese ebenfalls in ihrem Wachstum vorankommen. So gelangen viele Seelenteilchen durch einen physischen Körper huckepack in unsere karmische Wirklichkeit. Sie wirken in Parallelleben, indem sie die Dimensionen überbrücken, um ihre Seelenlektionen zu verstärken. So war es mit Buddha und Christus und vielen anderen, die gekommen sind, um das menschliche Saatgut zu erneuern. Durch ihre erleuchteten Frequenzen wurden den jetzt inkarnierten, aber auch den noch im Schoß des Universums Schlummernden die Möglichkeiten gegeben, neue Welten zu schaffen.

7 Seelengruppen

Das Wesen der Seele kennt keine Grenzen. Es isoliert sich nicht durch Außen und Innen und auch nicht durch das, was ist und nicht ist. Es fließt in den kosmischen Strömen und entzündet alle anderen Substanzen mit seinen Eigenschaften. Es hat weder Anfang noch Ende. Es gibt nichts, was von ihm getrennt wäre. Das Wesen der Seele ist unendlich alt, von grenzenloser Größe und Form; es pulsiert ewig hinaus, zu neuen Universen. Zwischen den Impulsen ruht es im Seufzer der Schöpfung, der überwältigenden Macht des Gebärens. Wir sind seine Kinder. Wir sind Teil seiner allumfassenden Einheit.

Innerhalb seiner Ganzheit läßt der Seelenkern seinen natürlichen Fluß strömen, um anscheinend unterschiedliche Kräfte auf der Daseinsebene zu manifestieren. Deshalb empfinden wir uns jeweils so anders als der andere. Vielleicht sind Sie ein Wasserfall oder ein Meer, ein stiller Weiher oder ein schäumender Bach. Sie werden sich verwandt fühlen mit den anderen wesenhaften Tröpfchen Ihrer eigenen Art und vielleicht nie erfahren, daß das Meer zu Regen wird und dieser zum Fluß, der ins Meer zurückströmt.

Obschon das Wesenhafte der Seele sich in individuelle Körper kleidet, verliert es nie die Integrität des Universalgewebes. Die Verbindungsglieder lassen sich nicht durchtrennen, weil der Kernfaden jenseits der Materie liegt.

Diese Wahrheit beinhaltet zwei sehr wichtige Aspekte für das menschliche Bewußtsein: Der erste ist der der Inkarnation. Das Wesenhafte der Seele trägt seinen Funken in die Inkarnation, und wenn sein Zweck erfüllt ist, hebt es aus dem Körper ab und sät seinen Funken aus, der sich überall im Äther ausbreitet. Beim Sterben rufen viele Menschen aus: »Ich bin Milliarden Lichtpartikel!« Jede Körperzelle enthält die Geschichte des Kohlenstoffs, die gesamte Struktur des Universums. Dies bedeutet, daß wir nie jemanden verlieren. Wenn die Menschen aus ihren physischen Grenzen befreit werden, ruft ihr Seelenkern den unseren zu sich hinauf, damit er die Schwelle ahnt, den Schleier zwischen Manifestem und Nichtmanifestem. So lernen wir unseren geistigen Ursprung kennen und erinnern uns an ihn.

Der zweite Aspekt ist, daß wir die Größe aller Wesen, die jemals menschliche Form berührten, sammeln und ernten können. Ihr Atem, ihr Bewußtsein, reist mit im ätherischen Fluß und berührt so unser eigenes Sein. Zeit und Raum haben keinen Einfluß auf das Wesenhafte der Seele. Wenn man eine große Lektion lernt oder eine Offenbarung erlebt, hallt sie im All wider und wird von allen anderen Funken weitergetragen, ob sie inkarniert sind oder nicht. Wir müssen uns im Ausweiten unseres Bewußtseins üben, um dieser uns stützenden Energien gewahr zu werden, so daß wir in diesem günstigen Augenblick der Evolution nicht wieder dem Irrtum der Trennung verfallen. Rund um uns herum sind große Weisheit und Hilfe verfügbar; wir müssen uns nur nach ihnen ausstrecken.

Das dritte Jahrtausend verspricht große Freude und Frieden. Doch es wird uns oder um uns nicht einfach geschehen; wir müssen es selbst manifestieren. Wir sind eine kollektive Seelengruppe, die in einer Initiation in bezug auf das universale Potential begriffen ist. Wir sind hier, um eine neue Spezies Mensch zu schaffen, die voll bewußt ist und alles manifestieren kann, was uns mit den höheren Energien der Ekstase und Glückseligkeit verbindet. Unsere neue Spezies wird imstande sein, über die Bedürfnisse und Ansprüche des einzelnen hinauszugehen, in ein goldenes Zeitalter des geistigen Fortschritts, das unsere Lebenseinstellung vollständig wandeln wird.

Das Hologramm des Daseins beginnt und endet im Geist, und es ist diese geistige Verbindung, die mit ihrem ganzen Potential zur Veränderung unserer Wirklichkeit eingesetzt werden kann. Meditieren oder Beten sind die machtvollsten Methoden, um unser Seelenerbe anzunehmen. Mit anderen zusammen meditieren ist eine machtvolle Bestätigung unseres Einsseins. Jenseits aller zweifelnden Gedanken, der emotionalen Ängste, besteht ein Ort der Kommunion, wo unsere konvergierenden Energien auf etwas Wichtigeres als unsere persönlichen Leben konzentriert werden können: Sie können innerhalb unseres Daseins auf den göttlichen Ursprung ausgerichtet werden.

Die Herausforderung besteht darin, unsere persönliche Welt und alle Wachstumsmöglichkeiten, die sie uns bietet, nicht zu verleugnen, sondern uns in ein größeres Ganzes zu integrieren. Was wir als Teil jenes Ganzen manifestieren, beschreibt, wer wir sind!

Seelenfreunde

Es stimmt, daß unser gemeinsames, alles überspannendes Karma uns daran hindert, überhaupt die Möglichkeit des Einsseins wahrzunehmen. Ohne echtes geistiges Verständnis erkennen wir noch nicht, daß jeder um uns herum, ja sogar jeder auf dieser Erde, Teil und Zweck unserer Wirklichkeit ist.

Jeder, den Sie kennen, ist ein Seelenfreund. Ja sogar Menschen, die Sie nicht kennen, sind Seelenfreunde. Auch Feinde sind Seelenfreunde. Die Leute, die Sie am meisten verachten, haben Sie sich für Ihre schwierigsten Lektionen ausgesucht. Das geschieht mit Bedacht, und Sie werden nur die wählen, denen Sie vertrauen können, daß sie eine besonders schwierige Aufgabe ausführen.

Eine meiner liebsten Übungen besteht im Meditieren über das Höhere Selbst von jemandem, der als negative Person oder »Erzfeind« gilt. Wenn man die Vision ihres Seelenfunkens – das Höhere Selbst – vor sich sieht, kann man der Illusion, sie seien böse, keine Macht mehr geben. Wenn man die Energie des Höheren Selbst dieses Gegenübers wahrnimmt und dann sein eigenes Höheres Selbst bittet, Form anzunehmen, wird unser Emotionalkörper in die Lichtfrequenzen entrückt, die jenseits aller Vergleiche und Vorwürfe sind. Wenn Sie wollen, können Sie dann die beiden Höheren Selbste Geschenke austauschen oder sie verschmelzen lassen.

Ich lernte diese Technik, als ich im Staatsgefängnis für Männer in Bolivien arbeitete. Ich mußte einen Weg finden, um über den Mörder, den Vergewaltiger, den Betrüger hinauszusehen. Ich entdeckte, daß wir unsere Vorstellung von

Gut und Böse revidieren müssen, wenn wir den göttlichen Aspekt eines Menschen erkennen, der abscheuliche Taten begeht oder uns weh tut.

Es gibt einen Platz jenseits dieser menschlichen Vorurteile, wo die allwissende, alliebende Seele wohnt. Die alten Erklärungen, weshalb wir Strafe verdienen, können uns nicht auf neue geistige Schwingungsebenen anheben, wo die Gesetze des Karma uns lehren, daß wir die Verantwortung für uns übernehmen müssen, statt auf einen zornigen Gott zu warten, der uns jemanden schickt, der uns züchtigt.

Wir wissen, daß wir hier durchgehen müssen, aber wir fürchten uns vor dem Alleinsein. Wir glauben, daß wir, wenn wir etwas ändern, alles verlieren werden. Jeder sucht verzweifelt nach Sicherheit, indem man zu jemandem oder etwas gehört. Man hofft, ein Gefühl der Macht zu finden, das wir allein nicht erreichen. Teil dieser Sehnsucht ist der kosmische Plan, uns ins Einssein zurückzuführen.

Mitglieder der Seelengruppe

Wer sind die Mitglieder deiner Seelengruppe, und wie kannst du sie finden?

Wir alle hier auf Erden sind eine Seelengruppe. Obschon wir anscheinend ganz verschieden voneinander sind, gleichen wir uns wesenhaft. Dieses Wesenhafte drückt sich in vielen Variationen desselben kosmischen Themas aus. In menschlichen Begriffen wird die kollektive Absicht der Seele essentiell in kulturellen und gesellschaftlichen Gruppierungen ausgedrückt, die mikrokosmische Unterthemen zu universelleren Wegen organisieren. Größere Gruppen lassen immer ihre spezifischen Evolutionsthemen durch eine breite Palette geschichtlicher Erfahrung definieren. Dies gilt für ganze Rassen und Kulturen. Allgemein vorherrschende Gedankenformen schaffen Lebensmuster, die die Grenzen des Tuns und der Wahlmöglichkeiten umschreiben.

Es gibt nahezu unendlich viele Untergruppen mit gegenseitigen Querverbindungen, die uns ein Maximum an Wachstumsmöglichkeiten bieten. Während es in der Vergangenheit genügte, zu einer größeren Gruppe zu gehören, ist es heute entscheidend wichtig, daß wir zu verschiedenen Gruppen in Beziehung stehen, weil unsere Leben in unserer expandierten Welt sich so erweitert haben.

Jede Gruppe aktiviert eine andere Facette unseres Seins und hilft uns, die unter allen Gruppierungen möglichen subtilen Vernetzungen zu erkennen. In einigen sind Sie vielleicht der Anführer, in anderen der Schüler. Wenn man lernt, sich selbst innerhalb der Gruppenstruktur zu erleben, schreitet man gleichzeitig auf dem Weg des Dharma weiter voran und nimmt durch Anwesenheit und Tun teil am konstanten Neugestalten der Gruppe.

Obschon Sie vielleicht als Einzelperson die Antithese des Gruppenthemas zu sein scheinen, gibt es eine klare Überschneidung Ihres eigenen Themas mit dem der Gruppe, die Sie sich ausgesucht haben. Manchmal lernt man genauso viel von jemand Gegensätzlichem wie von jemand Gleichem. Sie wählen womöglich eine Gesellschaft, Familie oder einen Gefährten, der Ihnen Widerstand leistet, damit Sie die Lektion lernen, die sie darstellen. Die Lektion kann bedeuten, daß Sie ihnen ähnlicher werden sollen, daß Sie sich von ihnen trennen, oder daß Sie einen Weg finden, mit ihnen in Frieden zu leben.

Wir alle fürchten uns vor dem Aufgehen in einer Gruppe. Mit sozialen Bindungen haben wir ja in diesem, aber auch in anderen Leben genügend negative Erfahrungen gemacht. Die unerledigten Bündnisse aus vergangenen Lebenszusammenhängen rufen uns auf, die gemeinsam begonnenen karmischen Lektionen abzuschließen und neue kreative Lösungen für unsere Zwangslagen zu finden. Letzten Endes hat es vielleicht mehr zu tun mit der Weise, wie unser Bewußtsein kommuniziert, als mit irgendeiner anderen Art des Zusammenseins. Da wir das Leben aus dreidimensionaler Perspektive sehen, bedeutet für uns der Begriff »Gruppe« etwas Physisches. Vielleicht ist es die Seelengruppe, die unsere tiefste Wahrheit spiegelt. Wir müssen Wege finden, miteinander als Seelenwesen zu kommunizieren.

Der Kanal der Seele liegt außerhalb von Zeit und Raum. Hier ertönt nie das Besetztzeichen. Auch wenn die Person oder die Gruppe sich des Kommunikationsvorganges nicht bewußt ist, wird sie die Botschaft doch empfangen und im ätherischen Bereich reagieren. Diese phantastischen Fähigkeiten des Geistes, zu denen Telepathie und Hellsichtigkeit gehören, sind das Geburtsrecht aller Menschen.

Ich werde meine Erlebnisse mit Telepathie in Rußland nie vergessen. Ein Volk, das derart lange unterdrückt war, entwickelte die telepathische Kommunikation zu einer Kunst. Obschon der Inhalt ihrer telepathischen Unterhaltung nicht immer göttlich war, geschah ein stiller Gruß jeweils mit dem Wunsch, es möge dem anderen wohl ergehen. Sogar in den Untergrundstationen wurden dauernd Informationen ausgetauscht, manchmal nur mit einem kurzen Blickkontakt. Ja, sie kannten sich gegenseitig, wenn auch nur aufgrund der Gemeinsamkeiten in ihren Lebensumständen.

Seelenfamilien

Wir haben Seelenfamilien. Rund um den Erdball treffen zur Zeit Leute aus allen Ecken der Welt auf ihre Seelenfamilie, und sie fühlen sich gegenseitig angezogen, ohne wirklich zu verstehen, weshalb. Sie wissen einfach, daß sie gern zusammen sind. Vielleicht ist es eine Gruppierung um ein zentrales Thema in der Politik oder am Arbeitsplatz. Oder es geht ihnen um gemeinsame Interessen wie Lebensstil, Umweltbewußtsein, spirituelle Praxis, Selbsthilfe oder sogar Sport und Freizeitgestaltung. Wir treffen unter ungewöhnlichen Umständen aufeinander und entdecken tiefe Bande. In den vergangenen zwei Jahrzehnten litten wir unter großer Verwirrung, indem wir diese tiefen Bedürfnisse so auslegten, daß sie etwas mit sexueller Vereinigung zu tun hätten, da alle das Selbst in diesem Bereich spüren. Statt dessen hatte die Nähe mit der Seelenfamilie zu tun und einer Art Seelenverbindung, die wir vergessen hatten, die aber alle Beziehungskanäle umfaßt.

Wir haben einen »Stammbaum«, der uns von Verzweigungen im Hologramm unserer Seelenfamilie gegeben wird. Er besteht aus wesentlichen inneren Eigenschaften und Attributen, die darauf warten, durch den Katalysator unseres Bewußtseins hervorzutreten. Sämtliche menschlichen DNS-Stränge sind unser Stammbaum. Die DNS ist selbst multidimensional, da sowohl die emotionale als auch die geistige DNS auf der körperlichen DNS hin und her reiten. Doch darüber hinaus haben wir vielleicht auch eine kreative, galaktische oder geistige Abstammung. Die Abstammung ist nicht linear; sie fließt im Hologramm. Sie zieht ähnliche Schwingungen in anderen zu uns heran, und über die gemeinsamen Attribute verbinden wir uns. Da ist nichts Trennendes, sondern die Abstammung bewegt sich in uns und unterstützt unser Einssein.

Während wir auf einer Ebene wissen, daß unsere Kultur und unsere individuellen Blutsverwandten innerhalb unserer Seelengruppe angesiedelt sein müssen, fühlen wir uns vielleicht darüber hinaus einem Stiefvater oder einem Stiefkind näher verwandt als unseren Blutsverwandten. Wir fühlen uns womöglich sogar unseren Freunden enger verbunden als unserer Familie. Unser Herz öffnet sich einer anderen Kultur oder Rasse gegenüber mehr als unserer eigenen. Wir brauchen uns deshalb nicht fremd oder verwirrt zu fühlen. Wir müssen erkennen, daß alle Teil unserer Seelenfamilie sind und in unserem Leben verschiedene Rollen spielen. Unsere primäre Familieneinheit ist unser Höheres Selbst, auch wenn wir unter der Keimzelle der Familie zunächst nur unsere Verbindung zu einem Ehepartner verstehen.

Die meisten von uns suchen einen individuellen Partner als Seelengefährten, mit dem wir einen besseren oder höheren Selbstausdruck erreichen können. Die Person, die das Feuer unserer Leidenschaft entzündet, ist meistens Teil unserer karmischen Geschichte. Weil wir derart heftig auf sie reagieren, achten wir nicht auf die Signale, die uns ihren Zweck als Lehrer in unserem Leben aufzeigen. Dies läuft dann oft auf die alte Leier hinaus, daß wir vom Negativen lernen – mit dem Resultat, daß wir unser Leben eben nicht mit diesen »Seelengefährten« verbringen. Mein Höheres Selbst sagt mir, daß es fünftausend Menschen auf Erden gibt, die aufgrund ihrer Schwingung als Seelengefährten für mich in Frage kommen! Es ist wichtig, die Schwingung zu dechiffrieren, statt seine eigene auf eine andere Person zu projizieren. Projektion hat damit zu tun, daß wir das wollen, was wir als unseren Mangel wahrnehmen und was der andere anscheinend hat. Manchmal löst ihr Äußeres unbewußte Erinnerungen aus an Körper, die wir in anderen Kulturen oder Zivilisationen trugen. Wir sind vielleicht von einem anderen Gesichtstyp, wollen aber aufgrund karmischer Vereinbarungen trotzdem eine Liebesbeziehung mit ihnen eingehen. Dies ist ein wichtiger Punkt, denn die Gesichtsform (zum Beispiel rund oder rechteckig) beschreibt den individuellen Pulsschlag jeder Person. Wir alle wissen, wie es sich anfühlt, wenn unser Rhythmus mit dem eines anderen Menschen in Einklang ist. Dies gilt insbesondere bei Liebesbeziehungen: Je verschiedener das Gesicht, um so weniger synergistisch ist wohl die Pulsfrequenz der beiden Partner. Zwei Menschen mit stark voneinander abweichenden Gesichtsstrukturen können sich gegenseitig viel lehren, doch werden sie sexuell kaum besonders gut zusammenpassen. Es ist interessant zu beobachten, daß bei Menschen, die viele Jahre zusammenleben, die Gesichtszüge dazu tendieren, sich immer ähnlicher zu werden.

Nach der sexuellen Spaltung, die in Atlantis geschah, fixierten wir uns vollständig darauf, die sexuelle Ausdrucksweise als die einzige Möglichkeit zur Wiedereinswerdung einzusetzen und so den Trennungsschmerz zu lindern. Aufgrund der genetischen Experimente der Atlantiden konzentrierten wir uns auf die physischen Aspekte des Einsseins und verfielen auf ein Muster der Penetration, um sicherzugehen, daß eine Verbindung zwischen den beiden Körpern besteht. Soviel wir wissen, gibt es sonst keine Gruppe außer den Tieren auf Erden, die die Penetration als Form des

Geschlechtsverkehrs anwendet. Die galaktischen Wesen, die Engel und nahezu alle anderen wenden die sexuelle Penetration als Teil ihrer Einswerdung oder der Fortpflanzung nicht an. Sie sind womöglich imstande, auf tiefere Weise miteinander zu verschmelzen, ohne daß zwei physische Körper ineinandergreifen. Wir versuchen, eine emotionale Hörigkeit zu erreichen, weil wir einander durchdrungen haben, während diese anderen Wesen einfach ineinanderzugehen scheinen, wobei der Energiefluß fortbesteht und sich vervollkommnet.

Wenn wir uns mehr in Richtung Androgynität bewegen, werden wir vielleicht imstande sein, unsere Verschmelzungserfahrungen derart zu verfeinern, daß wir den Körper und die Seele berühren.

Kommunikation zwischen den Spezies

Es gibt andere Seelengruppen, die für uns wichtig sind, die uns aber wegen unserer beschränkten Vorstellung von der Seele nie in den Sinn kommen. Wir glauben, daß die einzigartige Fähigkeit des Menschen, logisch zu denken und sich zu erinnern, für beseelte Wesen bezeichnend sei. Da andere Arten diese Eigenschaften nicht zu haben scheinen, nennen wir sie ohne weiteres seelenlos. Doch weit gefehlt! Obschon zum Beispiel die Tiere sich hauptsächlich im Bereich instinktiver Wirklichkeiten bewegen, besitzen sie die Fähigkeit, mit denen in Beziehung zu treten, die ihre Intuition entwickelt haben; ganz ähnlich wie unsere intuitive Kommunikation durch die Anwesenheit höherentwickelter Wesen aktiviert wird.

Telepathische Kommunikation zwischen Tier und Mensch ist nichts Ungewöhnliches. Jedenfalls haben viele Menschen berichtet, daß ihre geliebten Haustiere in anderen Körpern wiedergeboren wurden, damit sie ihre Beziehung fortsetzen konnten. Manchmal erkennen Tierhalter in ihren jetzigen Lieblingen solche, die sie in anderen Leben hatten. Wir könnten es so interpretieren, daß dies nur ein Ergebnis ihrer emotionalen Bedürftigkeit ist. Doch schon die geringste Möglichkeit, daß dies wirklich so sein könnte, ist Grund genug, uns zu fragen, was es für uns bedeuten würde. Die Verbindung zwischen uns und dem Reich der Tiere ist viel enger, als uns klar ist.

Das Haupthindernis für die Kommunikation zwischen den Arten ist unser Mißverständnis der Intelligenz und ihrer Anwendung für die Manifestation. Wir haben eine Welt geschaffen, in der unsere Gebäude, Bücher und Ideen die Zeichen unseres Erfolgs in der Anpassung und Beherrschung unserer Umwelt sind. Ich muß ganz einfach nur ein bißchen Phantasie aufbringen, wenn ich die Wale beobachte, die, ungeachtet der Distanzen, einander friedlich die gesamte Geschichte und aktuelle Informationen sowie intime gesellschaftliche und familiäre Beziehungen in feinsten Einzelheiten durch Töne übermitteln, während wir uns mit unseren Fernsehern und Rechnern abmühen und zu verstehen suchen, was eigentlich abläuft.

Die Wirklichkeit der Wale ist absolut fließend. Vielleicht haben sie verinnerlichte, multidimensionale Welten, die ihnen alles geben, was sie brauchen oder wünschen. Ich habe in stillen Lagunen in Baja California in kleinen Booten gesessen, und Walmütter haben sich ganz sachte längsseitig neben das Boot gelegt und sich aus dem Wasser gereckt, so daß ich ihren Rücken berühren konnte und wir uns in die Augen sahen. Ihr fragender, absolut bewußter Blick war kein neugieriges Starren, sondern voller Verständnis und guter Absicht.

Weshalb glauben wir Menschen, wir könnten mehr als andere? Haben die Wale, die so viel länger auf Erden leben als wir, für die Millionen von Jahren ihres Hierseins nichts vorzuweisen? Vielleicht sind sie schon über die äußere Abhängigkeit hinaus. Wie wunderbar wäre es, ihre Gedanken lesen zu können! Wir sind so stolz auf alles, was wir geschaffen haben, um unsere Umgebung zu beherrschen, während andere Arten sich an die Umwelt angepaßt haben. Wenn das Anpassungsvermögen das Maß für die Intelligenz wäre, würden uns viele andere Arten weit hinter sich lassen. Sogar Viren und Bakterien erschaffen sich neu, um einen Platz in einer sich wandelnden Welt zu finden. Was könnten wir von einem Virus lernen, wenn wir direkt mit seiner Realität kommunizieren könnten? Solche Organismen sind Meister der Verwandlungskunst – eine äußerst wünschenswerte Fähigkeit in der heutigen Welt. In unserer dreidimensionalen Welt scheinen wir von ganz oben hochnäsig herabzuschauen, doch wenn wir die Wirklichkeit anderer Dimensionen zu entdecken beginnen, werden wir uns möglicherweise mit einer ganz anderen Wertskala befassen müssen.

Wir irren gewaltig, wenn wir glauben, Intelligenz habe etwas mit Quantität oder Größenverhältnissen, wie zum Beispiel Gehirngröße, zu tun. Könnten wir das Gewicht der Intelligenz eines Virus messen? Wenn wir nur unter ähnlichen Spezies mit großen Gehirnen nach Anzeichen von Bewußtheit suchen, zeigt das nur unsere eigene Abspaltung von den intelligenten Kräften rund um uns herum.

Daß ein zentrales Gehirn die beste und höchste Schöpfung der Natur sei, ist vielleicht eine ziemlich beschränkte Annahme. Unsere Schwierigkeit kommt daher, daß wir meinen, unser Leben verlaufe entlang einer geraden Linie von einem Punkt zum anderen. Bewußtsein kann auch sonar, synergistisch sein. Wenn wir den Sprung ins holografische Hirn wie das der Wale und Delphine machen, entdecken wir vielleicht ganz neue Universen, von denen wir nie zu träumen wagten.

Sowohl das Reich der Tiere als auch das der Pflanzen pulsieren voller Intelligenz und Kerngeist. Sie nähren, schützen, helfen, heilen und trösten uns nicht nur, sondern sie führen und informieren uns mit großer Energie auf eine Weise, die für unser Überleben entscheidend sein könnte. Bis jetzt haben wir sie aufgrund unserer Unwissenheit falsch verstanden, und wir haben ihre Botschaft überhaupt nicht begriffen.

Viele von uns erleben jetzt besondere Formen von Kommunikation mit Tieren, da die Tiere uns helfen wollen, aus unserer Isolation herauszukommen. Ich möchte Ihnen nur zwei der Botschaften mitteilen, die ich aus den Reichen der Tiere und Pflanzen erhalten habe und die für mich wichtig waren.

Die erste Botschaft erhielt ich von den Vögeln. Ich lag in der Sonne im Garten meines Vaters in Sedona, Arizona. Mein Bewußtsein trieb träge von einem Gedanken zum andern, während ich gleichzeitig den Duft der Wüste und die Energie der großartigen roten Felsen genoß, die meinem Empfinden nach so nährend für mein Herz sind.

Plötzlich hörte alle Bewegung auf – ein Zustand, den ich bei mehreren anderen Gelegenheiten erlebt habe. Man bemerkt das Geräusch oder das Flattern von Insekten selten, weil ihre kinetische Energie für unsere Wahrnehmung zu schnell ist. Doch sobald die unablässige Bewegung aufhört, und sei es auch nur eine Sekunde lang, schrillt im Instinktkörper ein Alarm, der anzeigt, daß etwas Ungewöhnliches geschieht. Die Vögel sangen nicht mehr, sie bewegten sich nicht, und ich wurde mir intensiv der Stille bewußt. Während der gleichzeitigen Windstille erhielt ich über die Vögel den Eindruck, daß ein unglaublicher Schock durch die Atmosphäre gegangen war. Der Windhauch und die Luft waren durch eine unangemessene Energie gesprengt worden, die um den ganzen Erdball zu spüren war. Ich wußte sofort, daß es etwas mit Verstrahlung zu tun hatte, obschon ich nicht verstand, wie oder was genau. Später erfuhr ich von dem Unfall in Tschernobyl in Rußland, der die Ursache des atmosphärischen Schocks gewesen war.

Ich könnte nicht genau beschreiben, wie die Vögel mir diese Information übermittelt haben. Es hatte mit Molekülen, Strömen und Licht zu tun. Vielleicht ist ein bestimmter Aspekt der Vogelexistenz aufgrund der evolutionären Entwicklung Teil der menschlichen Energien, und er öffnete in mir eine Brücke zu jenen spezifischen Empfindungen der Vögel. Ich kann nur sagen, daß eine Botschaft an mich weitergegeben wurde und daß irgendein alter Vogelanteil in mir sie verstand, doch erklären kann ich es nicht. Die Information war ganz präzise und zutreffend. Dies hat zwischen den Vögeln und mir ein neues Band geknüpft. Ich stelle fest, daß ich ihrer sehr gewahr bin und sie auf neue Weise beobachte. Sie scheinen jetzt in meinem Leben viel zahlreicher vorzukommen.

Die andere Begebenheit hat mit einer Botschaft aus dem Pflanzenreich zu tun, die ich für die Erdzeit als sehr zutreffend finde: Ich hatte gerade eine Einführung zu einem reizenden Buch geschrieben: *Das Geheimnis der Sonnenblume* von Trutz Hardo. Es ist die entzückend illustrierte Geschichte eines Knaben, der sich in den Garten eines alten Mannes wagt, der ihn lehrt, das Summen der Blumen zu hören und zu verstehen, was sie sagen. Die Sonnenblume steht uns am nächsten wegen ihrer Größe und ihrer symmetrischen Schönheit.

Nachdem ich über die Bedeutung des Einstimmens auf die Sonnenblume geschrieben hatte, kehrte ich zu meinem Wagen zurück und fand dort zur großen Überraschung eine riesige Sonnenblume. Carlo Castiglione, einer meiner Cranial-Heiler hatte sie mir gebracht, ohne zu wissen, daß ich soeben über Sonnenblumen geschrieben hatte.

Die Sonnenblume war so großartig, daß sie in mir ein starkes Gefühl der Freude weckte. In einem Anflug von Übermut drückte ich die Sonnenblume gegen mein rechtes Ohr, als ich auf dem Feldweg nach Hause holperte. »Sag mir etwas, sprich zu mir«, forderte ich meine schöne Blume auf.

Plötzlich spürte und hörte ich ganz klar ein Summen in meinem Ohr. Es war ein starker, tiefer Summton männlicher Stimmlage. Ich war wie erstarrt von dieser Schwingung, und ich hielt den Atem an, um die Energie, die von der Blume ausging, in keiner Weise zu stören.

Die Sonnenblume begann erstaunlich ernst zu mir zu sprechen. Ihre Botschaft schloß Bilder verschiedener kleiner Landschaften mit ein. Ein Bild zeigte einen Felsen mit Flechten und einem schattigen Bereich darunter, der groß genug war für etwa drei Leute.

Die Sonnenblume sprach sanft, aber fest über die Beziehung der Menschen zur Natur. Der Kern ihrer Botschaft war, daß die Menschen verstehen müssen, daß jeder Ort in der Natur vom Geist durchdrungen und somit heilig ist. Wir brauchen nicht nur zu den sogenannten Kraftorten zu gehen, um das Geschenk zu erhalten oder Energien auszutauschen. Wo immer wir uns hinsetzen und uns konzentrieren, gibt es Energien, die mit uns kommunizieren und uns Informationen geben, die wir benötigen, um unsere Welt ins Gleichgewicht zu bringen. Die Sonnenblume vermittelte ihre starke Besorgnis wegen der Dinge, die die Menschen tun, und erklärte, wie wichtig es ist, die Naturgeister zu bitten, uns zu helfen.

Die Wirkung der Sonnenblumenmitteilung hielt noch lange an. Ich hatte den Eindruck, ich sei einem großen Lehrer mit einem machtvollen Energiefeld begegnet. Blitzartig erinnerte ich mich an eine Idee, mit der ich mich befaßt hatte. Es ging um das Seminarprogramm für Leute, die nach Galisteo kamen, um bei mir zu sein. Ich hatte mich gefragt, wo ich sie im Galisteobecken hinführen könnte, damit sie die herrlichen Energien von Himmel und Erde spüren, die für unser Bewußtsein so wichtig sind. Die Sonnenblume hatte meine Frage beantwortet.

Wie konnte die Sonnenblume Zugang zu meinen Gedanken finden? Sie war doch abgeschnitten worden und zum Sterben verurteilt. Doch ich spürte die Macht ihres Willens und gleichzeitig mein Engagement, ihre Botschaft weiterzugeben.

Die Erd- und Felsgeister des Mineralreiches haben fühlende Eigenschaften, die uns Menschen über längst vergangene Ereignisse vor unserer historisch erfaßbaren Zeit informieren können. Als Kind sprachen die Steine immer zu mir. Ich hielt dies geheim, bis ich dreißig Jahre alt war und es einem Kollegen anvertraute. Er erklärte mir, daß Wissenschaftler herausgefunden haben, daß Steine elektrische Impulse aussenden, was bedeuten könnte, daß sogar die bewegungslose Materie eine Lebenskraft hat. Denken Sie nur einmal an die Macht der Edelsteine, Kristalle und anderer Geschenke des Mineralreiches, die unser Leben bereichern.

Wir mögen derart phantastische Möglichkeiten nicht verstehen, doch müssen wir sie weiter erforschen, um alle Informationen zu sammeln, die uns vielleicht lehren können, wie wir zu den unsichtbaren Welten um uns herum Zugang finden. Die Kommunikation zwischen verschiedenen Spezies könnte ein großartiges Instrument sein, um unsere Zukunft für eine Solarnachbarschaft zu öffnen. Es gibt zahllose Seelengruppen im Universum, die von uns nur durch die dünnen Schleier dimensionaler Ummantelungen getrennt sind. In dem Maße, wie wir neue Wahrnehmungsfähigkeiten entwickeln, werden wir die Weisheit der Devas, der Engel und der galaktischen Wesen annehmen, so wie sie unser Wissen annehmen werden.

8 Götter und galaktische Wesen

Eine nicht erbetene Vorhersage hat etwas Ominöses. Sie sickert auf den Grund unseres Bewußtseins und wartet jenseits der Wahrnehmungsschwelle, bis die Prophezeiung durch assoziative Umstände aktiviert wird und dann wie ein Geysir hochschießt, von dem man weiß, daß er hervorbrechen wird, doch ohne den genauen Zeitpunkt zu kennen.

Irgendwo im Innern weiß man, daß man diese Prophezeiung manifestiert, weil man der Aussage eines anderen immer mehr traut als sich selbst, und in einer Art verdrehten Höflichkeit will man, daß der andere recht hat, sogar auf eigene Kosten. Wenn es etwas Negatives ist, sagt die innere Stimme: »Ich wußte, daß das geschehen würde«, und so unterstützt sie noch die Kraft der Prophezeiung. Wenn es eine positive Vorhersage ist, hält man sich so fest daran, daß allein unsere Konzentration sie wahr werden läßt.

Als mir ein Medium sagte, ich sollte nicht allein reisen, weil ich in drei oder vier Tagen Kontakt mit Außerirdischen haben würde, war ich gleichzeitig erfreut und erschreckt: erfreut, weil ich mich darauf konzentriert hatte, diesen Kontakt herzustellen, und erschreckt, weil ich noch viele Fragen hatte in bezug auf die Wirklichkeit einer solchen Begegnung.

Meine Beziehung zu Außerirdischen war immer zwiespältig gewesen. Ich habe mehrmals Kontakte mit verschiedenen Gruppen gehabt, und obschon ich mich durch deren Anwesenheit freudig erregt und beschwingt fühlte, habe ich ihnen gegenüber immer Vorurteile oder Vorbehalte aufgrund meiner Interpretation ihrer Spiritualität gehegt. Ich frage mich, ob unsere Faszination über die galaktischen Wesen nur ein Zwischenschritt ist, der uns aus einer schlechten religiösen Praxis herausführt, bis wir eine neue Form für die Verbindung mit unserer göttlichen Quelle finden.

Ich muß über die Absurdität und Zähigkeit unserer alten Gedankenformen lachen, daß Gott und das Göttliche sich nur in menschlichen Begriffen ausdrücken lassen sollen. Alles andere darf man nicht als heilig bezeichnen, ohne Gefahr zu laufen, daß es als Sakrileg gilt. Mein Intellekt verachtet diesen gängigen Standpunkt, doch da war er, versteckt irgendwo im unterirdischen Schlamm des uralten Erbgutes!

Wir Menschen beharren darauf, daß die Götter mit uns eine private emotionale Beziehung eingehen müssen. Wir haben nicht gelernt, daß alles Lebendige an sich und für sich heilig ist.

Trotz meiner Vorbehalte hatte ich während vieler Jahre immer wieder Visionen, daß die besten Wissenschaftler, Gelehrte und führende Persönlichkeiten mit anderen Arten aus der ganzen Galaxie zusammenkommen, um Informationen auszutauschen und gegenseitig die einzigartige Wirklichkeit der anderen zu akzeptieren. In der Vergangenheit glaubte ich, daß wir einen besonderen, physisch greifbaren, aber auch von der Außenwelt abgeschirmten Ort für unsere Begegnungen brauchen würden, um damit verschiedenen äußeren Erfordernissen zu entsprechen. Ich wußte, daß die

Menschen ihre Energie würden beschleunigen müssen, damit sie die verstärkte Strahlung des Umfeldes und andere energetische Anomalien aushalten könnten, die für gewisse Außerirdische ganz natürlich sind.

Inzwischen weiß ich, daß nicht so sehr ein Ort nötig ist als vielmehr eine Geisteshaltung, die es dem menschlichen Bewußtsein ermöglicht, die Informationssignale aus mehreren Ebenen, die ein Teil derartiger Treffen sind, aufzunehmen und in sich zu integrieren. Auch die »anderen« müssen ihren Kommunikationsstil mit uns noch stark verfeinern.

Im Laufe der Jahre, in denen ich verschiedene Kontakte mit unterschiedlichen galaktischen Wesenheiten hatte, habe ich einen Sinn für Humor entwickelt in bezug auf unsere und ihre Unbeholfenheit bei den Versuchen, die Wirklichkeit des anderen einzubeziehen – und manchmal in sie unerwünscht einzudringen.

Das folgende Erlebnis in einem Canyon ist ein herrliches Beispiel dafür, wie man die exaltierte Hoffnung, jemand aus einer anderen Dimension sei von hoher Weisheit oder ein wahrer Vertreter der göttlichen Quelle, entzaubert.

Ich war mit meinem siebzehnjährigen Sohn David aufgebrochen, um zwei Tage in einem magischen Tal, einem sogenannten Canyon, zuzubringen, den ich einige Zeit zuvor entdeckt hatte, als ich geeignete Orte auskundschaftete, wo sich eine dauernde Basis für Treffen zwischen Menschen und Außerirdischen schaffen ließe.

David und ich entschieden uns für eine wunderschöne Stelle unweit eines smaragdgrünen Gewässers, das sich in einem schmalen Bach über eine massive, etwa dreißig Meter hohe Klippe ergoß. Da das Tal an jener Stelle so eng war, schliefen wir mit den Füßen am Ufersaum und Blick auf die blanke Felswand gegenüber. Wir brauchten kein Zelt, und die Sterne leuchteten so intensiv und großartig, daß es uns schwerfiel, uns von ihrer stimulierenden Pracht zu trennen und zu schlafen.

Mein Körper ist ein unglaublich sensibler energetischer Anzeiger. Ich spüre jeweils Erdbeben und Vulkanausbrüche schon im voraus. Es fühlte sich an wie ein vager Druck im Sonnengeflecht, begleitet von einer Art schwappendem Gefühl, das mich gleichzeitig irritiert und niederdrückt. Da die Energie eines Naturereignisses dem konkreten Geschehen vorangeht, läßt sich die Aufladung bis zur kritischen Masse leicht wahrnehmen, die dann explodiert und Tatsachen schafft. Ich habe gelernt, meinen Körper zu fragen, ob diese beunruhigenden Empfindungen mich betreffen oder nicht, damit ich meine eigenen inneren Energien nicht mit denen der Erde durcheinanderbringe.

Ich schlief unruhig, denn ich hoffte und wartete darauf, daß mir die Nacht diese mysteriöse Begegnung bescheren würde. Wir glauben meistens, daß alles, was wir nicht beherrschen können, in die Nacht gehört, und diesmal war es wirklich so. In tiefer Nacht wurde ich durch eine äußerst rohe Empfindung, als ob jemand mein Gehirn schüttelte, geweckt. Als ich wach genug war, um es klarer zu erkennen, war es, als ob etwas in mein Gehirn eingedrungen wäre und versuchte, meinen Verstand mit einer sehr plumpen Art von Energie, die sich anfühlte, als ob sie schlecht zu meinen Hirnströmen paßte, zu stimulieren.

Meine Augen öffneten sich, und ich sah ein erstaunliches Bild: Ein weißer Bildschirm hing über der Felswand, als ob ein Projektor eingeschaltet wäre und die ganze glatte Wand hell erleuchtete. Dann geschah etwas zutiefst Schockierendes: Durch meine Hirnströme, eigentlich durch mein Gehirn selbst, schienen gewisse Bilder auf die Wand projiziert zu werden. Durch diesen äußerst eigenartigen Versuch, »menschlich« zu sprechen, wollten die Außerirdischen mir symbolisch mitteilen, daß sie meine Verbündeten seien. Ich sah einen Regenbogen und einen Topf voller Gold, eine amerikanische Flagge sowie verschiedene andere Symbole, die ich später vergaß. Es war, als ob sie Kinderbücher gelesen oder nur ein begrenztes visuelles Vokabular verfügbar hätten. Ich war sofort irritiert durch ihre Wahl von Symbolen, von denen kein einziges für mich persönlich relevant schien.

Die amerikanische Fahne kam mir absolut unpassend und meinen eigenen Gefühlen vollständig entgegengesetzt vor. Seitdem ich im Ausland gelebt habe, bin ich davon überzeugt, daß eine Flagge nur die Trennung zwischen den Nationen betont. Ich fand, wir sollten zumindest auch eine Erdenfahne haben, um unsere Zusammengehörigkeit als eine globale Familie zu dokumentieren. Das Bild der amerikanischen Flagge zeigte mir, daß sie versuchten, über eine stereotype Symbolebene zu kommunizieren. Es war, als ob ich in die unpersönliche Wirklichkeit eines anderen gezwängt werden sollte, die meine eigenen Vorlieben nicht zuließ. Ich verabscheute es!

Ich habe keine Ahnung, wie lange diese Bilder projiziert wurden, denn sobald mein Verstand das Bild der Fahne als beschränkter Ausdruck dessen, was ich bin, zu bekämpfen begann, war sie weg. Zurück blieb nur ein ziemlich zusammenhangloser Eindruck im Kopf, als ob eine trennende Kraft es nicht geschafft hätte, sich auf mein Gehirn einzustimmen.

Zu jenem Zeitpunkt erkannte ich, daß die außerirdischen Gruppen auf ihre Verträglichkeit mit Menschen überprüft werden müßten. Sie sollten nicht einfach akzeptiert werden, weil sie sich irgendwie in unsere irdische Umwelt »hineinbeamen« können.

Am folgenden Tag war ich ungewöhnlich gereizt und müde. David war nicht erwacht und äußerte seine Zweifel an meiner Geschichte. Es ist immer schwierig, einem anderen eine Wirklichkeit zu beschreiben, an der er keinen Anteil hat. Die Einsamkeit der individuellen Realität ist für jeden von uns eine schmerzliche Bürde. Im hellen Licht der Morgensonne saß ich bestürzt und enttäuscht vor jener Wand. Das waren keine Außerirdischen, die mit uns zusammenarbeiten würden, um die anstehenden Probleme auf unserer Erde zu lösen oder zu lindern.

Damals begann ich darüber nachzudenken, wie sie derart plump, unfähig und ohne Verständnis für die menschliche Psyche hatten sein können. Die Darstellungen von Außerirdischen oder galaktischen Wesen als vollständig inhuman, ohne jede emotionale Regung und mechanisch im Denken veranlaßten mich, die Konvergenz von technischer Meisterschaft und Seelenkern zu überdenken. Mir wurde klar, daß es viele Arten und Gattungen von galaktischen Wesen gibt, und wir sollten lernen, wie wir diejenigen zu uns herholen können, die besser auf unsere Frequenz eingestimmt sind.

Ich bemühte mich erneut um das Verständnis, daß alles Seiende ein Teil der göttlichen Quelle ist, auch wenn es sich nicht leicht mit unserem menschlichen Standpunkt vereinbaren läßt. Es ist anstrengend, die Seele einer Kreatur zu spüren, die keinerlei emotionalen Inhalt hat oder die womöglich durch ein technisches Verfahren geklont ist. Ich habe dieses Dilemma lösen können, da ich verstand, daß der Schöpfer in der ganzen Schöpfung anwesend ist. Der Klon trägt das Karma und die Schwingung derer, die ihn geschaffen haben. Gewisse Menschen haben Mühe, die Seele der Tiere anzuerkennen, die ja im Vergleich zu den galaktischen Wesen fast schon menschlich sind!

Die Idee, daß ein ähnlicher Körper auch Ähnlichkeit im Wesen bedeutet, ist irreführend. Es scheint, daß unser menschlicher Emotionalkörper als Barriere zwischen uns und anderen wirkt, während die Kommunikation mit verschiedenen Spezies uns von den einschränkenden Annahmen in bezug auf unsere Identität, die so viel Negativität und Vorurteile erzeugen, befreit.

Es ist wichtig, daß wir unseren *Gefühlen* in bezug auf andere Wesen vertrauen, statt dem Augenschein. Was die Außerirdischen betrifft, so sind jedenfalls weder unsere Ängste noch unsere Phantasien gute Indikatoren.

Ich hatte einmal ein Erlebnis mit Wesen aus dem All, das eine großartige Lektion über die Unwichtigkeit der Form darstellt. Ich lebte damals in Bolivien an einem Ort namens Mondtal (Valle de la Luna), etwa viertausend Meter über dem Meeresspiegel. Mein Schlafzimmer lag im zweiten Stock und besaß ein großes Fenster, durch das ich freien Blick auf die Sterne hatte, die in der Höhenluft so nahe schienen, daß man sie fast berühren könnte.

Während einer bestimmten Jahreszeit wurde ich drei Nächte hintereinander durch ein starkes Gefühl einer Anwesenheit geweckt, so als ob tatsächlich ein Stern in mein Zimmer getreten wäre. Es war genau zwei Uhr früh. Durch das Fenster sah ich das Sternbild Orion und etwas weiter weg einen hellen Stern, der meinen Blick anzog. Die ersten beiden Nächte lag ich einfach dort in der Energie, bis sie schlagartig verschwand und ich wieder einschlief.

Als ich in der dritten Nacht erwachte, spürte ich eine gewaltige magnetische Anziehung, die mich aus meinem Zimmer hinaushob, hinaus in den Kosmos. Dort traf ich eine kleine Gruppe amorpher Wesen, die wie die Filmfigur Casper, der Geist, aussahen, aber ein großes Auge mitten im oberen Teil des Körpers hatten. Sie glichen jedoch in keiner Weise den berüchtigten Zyklopen der griechischen Sage, und ich fühlte mich in ihrer Gegenwart geborgen und beschützt. Sie waren zweifelsohne Freunde.

Sie kommunizierten mit mir über Empfindungen, und ich erinnere mich kaum an direkte Gespräche, doch ließen sie mich wissen, daß sie vom Stern Sirius kamen – der helle, funkelnde Stern, den ich durch mein Fenster gesehen hatte.

Sie führten eine Reihe von Versuchen mit mir durch, die ich als ein Ins-All-geworfen-Werden empfand: Sie warfen mich höher und höher und fingen mich immer wieder auf. Es geschah ganz sanft, mit einem herrlichen Gefühl allumfassender Liebe. Es tat mir leid, als ich ihnen schließlich mitteilen mußte, ich werde demnächst auseinanderfallen, wenn sie mich noch höher hinauf ins All werfen sollten. Es war ein prickelndes Gefühl, das meinen Körper erfüllte, und ich empfand eine molekulare Ausweitung, als ob ich mich ins All ausdehnte.

Sie hörten sofort auf, mich zu bewegen, und ich hatte ganz klar den Eindruck ihrer Besorgnis um mein Wohlergehen. Ich befand mich wieder in meinem Bett, hellwach und mit einem Gefühl, als ob der ganze Himmel in mir sei. Am folgenden Tag, als ich die Hauptstraße in La Paz hinunterging und in das Schaufenster einer Buchhandlung hineinblickte, sah ich ein kleines Buch mit dem Titel: *Die Außerirdischen unter uns*. Der Titel faszinierte mich derart, daß ich hineinging, um mir anzusehen, worum es sich in dem Buch handelte. Ich war enttäuscht, denn ich konnte nicht hineinblättern, da es in Folie eingepackt war. Widerstrebend kaufte ich das Buch und öffnete es in einer abgelegenen Ecke, wo mich niemand mit einem Buch dieses ausgefallenen Themas sehen konnte.

Ich war erschüttert, als ich das Buch aufschlug und mir genau die Wesen der vorangegangenen Nacht von einer ganzseitigen Zeichnung entgegenblickten! Der Text beschrieb sie als eine große Gruppierung mehrerer hundert einäugiger Sandsteinstatuen, die sich irgendwo in der Wüste mitten in Afrika befinden. Da erkannte ich, daß ich sie eines Tages suchen müßte, um herauszufinden, wer mit ihnen in Kontakt gewesen war und was sie uns lehren sollten. Das einzige, was ich aufgrund jener Begegnung weiß, ist, daß sie ungeachtet ihrer seltsamen Körper und wer immer sie auch sein mögen, meine Freunde sind.

Bei einer anderen Gelegenheit – genauer: der letzten Gelegenheit, bei der ich direkten Kontakt hatte – machte ich eine ganz andere Erfahrung, die mich aber ebenfalls veranlaßte, zu bedenken, wie der Mensch Gut und Böse wahrnimmt.

Ich lag schlafend im Bett. Irgendwann mitten in der Nacht spürte ich eine Sondierung meiner geistigen Fähigkeiten. Es war eine Sondierung gänzlich anderer Art als jene im Canyon. Ganz sanft rief sie mich aus Schlaf und Traum. Sie hatte nichts Verführerisches an sich. Sie hatte einen ganz klaren Ton, der mit meinen Hirnmustern zu fusionieren schien. Als ich aus dem Schlaf geholt wurde, erhielt ich eine telepathische Botschaft: »Wach auf, wir sind hier.«

Endlich wach, wandte ich meinen Kopf und sah am Fußende meines Bettes drei galaktische Wesen. Sie waren ziemlich klein, knapp einen Meter groß, mit wunderschönen weißlichen Körpern, großen Köpfen und großen ovalen Augen. Sie schienen mir Energien vollkommenen Mitgefühls und Friedens zu senden.

Statt diesen Schwingungen zu vertrauen, störte mein Verstand, und ich erinnerte mich an das Umschlagbild auf einem populären Buch über Entführungen von Menschen durch Außerirdische. Jenes Bild zeigte genau die gleichen Züge. Trotz meiner freundschaftlichen Gefühle und der Empfindung, daß diese sanften Wesen mir nichts antun würden, wies ich ihnen unwirsch die Tür, indem ich ihnen eine Art Gedankenform sandte, die besagte: »Ihr seid nicht die Guten, haut ab!«

Sie zogen sich sofort vom Bett zurück und verschwanden.

Dann geschah etwas sehr Schockierendes. Als ich dalag und mir nochmals durch den Kopf gehen ließ, was geschehen war, hörte ich die Stimme meines Höheren Selbst klar zu mir sprechen. Es übermittelte mir etwas, was ich nie vergessen werde: »Diese Wesen waren hier als Chance für dich, ihnen etwas zu schenken.«

Ich war im Herzen getroffen, als mir klar wurde, daß sie nur meine Hilfe gewollt hatten; daß ich ihnen etwas hätte geben können und daß ich nicht einmal zugelassen hatte herauszufinden, was es war. Jahrelang hatte ich Raumschiffe gesehen. Ich hatte die galaktischen Wesen herbeigerufen, und jetzt, nur aufgrund einer anderen Deutung, was oder wer böse sei, hatte ich die Gelegenheit verpaßt, auf die ich so lange gewartet hatte. Außerdem hatte ich meine unbedachte Entscheidung wegen ihres Aussehens getroffen; sie hatten nicht so »menschlich« ausgesehen wie andere, denen ich begegnet war!

Wir Menschen sind derartig vorrangig auf die Idee des Überlebens geprägt, als ob das Leben nur aus »Fressen oder Gefressen werden« bestünde, daß wir die Gelegenheit nicht wahrnehmen, wenn wir die Gebenden sein könnten, wenn wir in uns die Macht erkennen könnten, mit der wir das Schicksal anderer beeinflussen, statt anzunehmen, daß immer äußere Kräfte unser Schicksal bestimmen.

Jene Begebenheit verfolgte mich monatelang, und ich rief die Wesen häufig zurück, doch sie kamen nie wieder. Es war für mich eine wichtige Lektion, daß ich jeweils lange genug warten soll, bis der Kopf klar ist, bevor ich eine voreilige Entscheidung treffe.

Eines Tages, als ich in meinem Arbeitszimmer beschäftigt war, blickte ich auf das Regal, in dem ich Geschenke, die ich bekommen habe, aufstelle, und sah dort einen kleinen Statuenkopf eines Wesens, das genau die gleichen Züge wie die Außerirdischen aufwies; den hatte mir meine Tochter Megan gegeben, als sie etwa elf Jahre alt war. Als ich über die Sanftheit und die Weisheit nachdachte, die jene kleinen Körper ausstrahlten, überlegte ich, wie sehr wir uns von einer Inkarnation zur anderen verwandeln, doch es steht uns immer eine Verbindung zur Verfügung, wenn wir sie einsetzen wollen.

Jene drei Wesen, die mich besuchten, waren eine Einheit. Es fühlte sich an, als ob ihr Verstand eins wäre. Sie umgab eine fließende Sanftheit, die, wenn auch nicht menschlicher Art, für mich doch erkenntlich war. Sie hielt jede Furcht fern und signalisierte mir eine absolute Freiheit des Reagierens und der Wahl während der ganzen kurzen Begegnung. Nein, sie beharrten nicht darauf, eine Antwort zu erhalten; sie warteten darauf, daß ich die Initiative ergreife für etwas, was als tiefe Frage immer noch in meinem Herzen, aber auch in meinem Geist weiterschwingt.

Durch die Jahrtausende wurden viele Götter und Götzen, hochmagische und himmlische Wesen von Menschen angebetet. Wir haben und werden immer unseren Ursprung suchen, um zu verstehen, was uns ins Leben gebracht hat, weshalb wir leben und zu welchem Endzweck. Bestimmt gibt es eine göttliche Kraft, die durch den Kosmos fließt und alles Leben nährt, und wir müssen anerkennen, daß eine Hand bewußt das Leben formt, mit den Arten experimentiert und neue und vielfältige Formen hervorbringt.

Doch weshalb beharren wir darauf, daß Gottes Hand eine menschliche Hand sei? Natürlich sind wir nur ein Ausdruck des künstlerischen Bemühens. Angesichts der Tatsache, daß wir Menschen an einem Punkt angelangt sind, wo wir die genetische Struktur und somit die Form und Beschaffenheit der Arten manipulieren können, ist es nur logisch anzunehmen, daß diese genetische Kunst über Äonen ausgeübt worden ist und immer weitergeht, nicht nur in unserer Nachbarschaft, sondern sogar von einem Universum zum anderen.

Viele der großen historischen und religiösen Lehren erzählen, daß »die Götter auf die Erde kamen und die Menschentöchter begatteten«. Geschah jener Austausch nicht zu einem großen kosmischen Zweck? Haben diese »Götter« der Gattung Mensch in der Evolution geholfen?

Auch jetzt ist klar, daß wir erneut eine kosmische Anreicherung brauchen, die uns aus der schalen Abkapselung heraushebt, die uns vom ewigen Puls isoliert hat. Genau das geschieht jetzt: Wir erhalten einen Zustrom neuer Energie, und auch ohne physischen Kontakt wird diese Energie einen neuen Blick in den Augen unserer Kinder bewirken und eine neue Beziehung zum Kosmos.

Es ist möglich, ja sogar wahrscheinlich, daß verschiedene Arten die Menschen für ihre eigenen privaten Experimente beanspruchen. Vielleicht brauchen sie uns, um ihre auf geistiger und emotionaler Ebene genetisch schwachen Punkte ins Gleichgewicht zu bringen. Unsere Herzenergie könnte das fehlende Glied sein in den Koordinaten vieler verschiedener Arten, die ihr Gefühl für ihr geistiges Erbe verloren haben.

Die Möglichkeit, daß andere uns als Verbindungsglied zur Gotteskraft sehen, scheint ziemlich abwegig, um nicht zu sagen lächerlich, da wir im jetzigen Zeitpunkt sicher nur »Rohmaterial« sind. Die Engel und andere sind viel erleuchteter als wir Menschen, aber wir sind die einzige Art, die den Samen konkret in physischer Form in sich trägt. Unser geistiges Erbe ist reich und voll von ekstatischem Potential, das wir selbst noch nicht erkannt und umgesetzt haben. Die anderen sehen etwas in uns, das wir auch selbst weiter erforschen könnten.

Bis jetzt hörten wir hinsichtlich des Borgens oder Entnehmens von genetischem Material fast ausschließlich von unglaublichem Mißbrauch in der ganzen Galaxie. Es wird nicht als nötig erachtet, eine Erklärung zu geben oder um Erlaubnis zu bitten, wenn etwas ausgetauscht wird, und wir sind entsetzt über die persönlichen Schilderungen der Leute, die in irgendeiner Form eine Entnahme genetischen Materials durch anscheinend skrupellose Außerirdische erlebt haben.

Noch schockierender sind die Angaben, die wir aufgrund von Tausenden von Sitzungen am Light Institute zusammengetragen haben, in denen wir das Thema »Erinnerungen an außerirdische Existenzen« erforschten. Auf die Frage, weshalb sie entführt wurden, entdeckten nahezu alle, daß sie sich freiwillig für ein Leben als Mensch zur Verfügung gestellt hatten, um den Entführern, die ihrer eigenen Gruppe angehörten, das genetische Material zu liefern. Vielleicht ist es tatsächlich eine Illusion, wenn wir sie als Fremdlinge sehen. Sie sind wir!

Wir am Light Institute haben gelernt, zwischen einem Entführten und einem, mit dem nur Kontakt aufgenommen wurde, zu unterscheiden. Der Unterschied ist Bewußtheit. Der Entführte hat jedes Wissen um derartige Beziehungen gelöscht, während der Kontaktierte sich einfach bewußt ist, daß er oder sie ein Teil eines größeren Plans ist. Oft hat die Person darum gebeten, daß die Erinnerung gelöscht werde, oder die Außerirdischen haben sich dafür entschieden, Amnesie zu verursachen, um den enormen Streß für den Betroffenen zu verringern. Irgendwann wird möglicherweise der Schleier von der Erinnerung weggezogen, um größeres kollektives Verständnis für die Geschehnisse auf kosmischeren Ebenen zu ermöglichen. Ohne dieses Bewußtsein werden wir für die bevorstehende Beschleunigung nicht bereit sein.

Diese Information war für viele Leute ein großer Schock – und eine große Erleichterung für diejenigen, die derartige Erfahrungen gemacht haben. Wenn sie erkennen, daß sie Teil von etwas sind, das über unsere Wirklichkeit hinausgeht, müssen sie einen Schritt weitermachen und auch den Sinn davon verstehen – oder sonst Gefahr laufen, daß ihr persönliches Selbst Schaden nimmt.

Wer von uns hat nicht früher oder später das Gefühl gehabt, wir seien nicht Teil dieser Erde? Haben Sie nie den Eindruck gehabt, Sie stammten nicht von Ihrer Familie ab? Viele Kinder äußern Derartiges. Wir sollten lernen, auf solche Gefühle zu achten, nicht nur weil sie einen emotionalen Zustand ausdrücken, sondern weil es absolut möglich ist, daß gewisse genetische Stämme, die von außen kommen, durch uns laufen.

Kinder zeichnen oft galaktische Wesen oder sprechen über sie im Bemühen, eine Beziehung auszudrücken, die sie zu diesen Wesen empfinden. Sie träumen gewöhnlich auch von Raumschiffen und Kontakten. Es ist sehr wichtig, daß man ihnen nicht den Zugang versperrt zu etwas, was in Zukunft ohne weiteres als Tatsache angesehen werden kann, nur weil wir selbst vielleicht im jetzigen Zeitpunkt diese Erfahrung nicht direkt gemacht haben. Wir erhalten immer neue Informationen, während der Beweis der galaktischen Wirklichkeit immer stärker zutage tritt.

Eine sehr häufig gemachte Offenbarung zum Thema »Außerirdische« ist das Vorhandensein einer riesigen intergalaktischen Weltraumstation, in der genetisches Material aus dem gesamten Universum untersucht wird. Leute aus den verschiedensten Lebensbereichen haben diese Weltraumstation gesehen und sie mit nahezu gleichlautenden Worten beschrieben. Unendliche Laboratorien erhalten genetisches Material und experimentieren mit der Schaffung neuer Arten, die dann als Samen in viele verschiedene Sternensysteme eingebracht werden. Diese Station befindet sich nicht in unserer Galaxie und ist angeblich größer als unsere

Erde. Was könnte dies wohl für unsere Daseinstheorien bedeuten?

So wie es einmal notwendig war zu erkennen, daß die Erde rund ist, so ist es jetzt nötig zu erkennen, daß wir ein Teil des Universums sind; und wir haben die vorher nie dagewesene Möglichkeit, tatsächlich ins All zu reisen.

Wenn wir unsere eigenen genetischen Fortschritte in bezug auf die Schaffung neuer hybrider Pflanzen betrachten und die Umgestaltung genetischer Stämme in Tieren und sogar im Menschen, ist es keine ausgefallene Idee, wenn wir postulieren, daß unsere Spezies im Laufe der Jahrtausende neues genetisches Material erhalten hat, um die Intelligenz zu steigern oder auf der Erde zu überleben. Da nur Gott der Auslöser des göttlichen Funkens ist, steht keine dieser Veränderungen oder die Evolutionstheorie dem Göttlichen entgegen. Wie diese Dinge zustande kommen, ist hingegen sehr wohl eine Frage kosmischer und geistiger Ethik.

Es gibt viele Berichte über Frauen, die schwanger wurden und einen Fötus für eine bestimmte Zeit austrugen, worauf die Schwangerschaft plötzlich einfach verschwand. Ein derartiges, unerklärliches Geschehen trug sich mit einer Ärztin zu, die sehr bekannt ist, sowohl als Fachfrau wie auch als Vertreterin der Neuen Wissenschaft.

Nach einem Todesschwellenerlebnis spürte sie, wie ihre Psyche sich für Reiche anderer Dimensionen öffnete. Sie hatte ein Entführungserlebnis, bei dem aus ihren Eierstökken Eier entnommen wurden. Dies geschah wiederholt, und nach jedem Ereignis erinnerte sie sich vage daran und empfand ein starkes Gefühl eines Verlustes und verfiel in Depression. Als im Laufe von Sitzungen die Wahrheit ans Tageslicht kam, war sie imstande, auf positive Weise auf ein

Ziel hinzuarbeiten, das sie mit den Worten »Einbezogensein der Menschen innerhalb der Sonnensiedlung« beschreibt.

Eine andere Frau hatte folgendes, eindrückliches Erlebnis: »Es war in einer warmen Sommernacht, als jede Zelle meines Körpers summte und vor Leben und einer seltsamen Art Vorahnung kribbelte. Die Luft war geladen mit dem Leuchten des weichen Vollmondlichts. Wir verbrachten eine Woche auf der Ranch eines Freundes und wohnten in einem wundervollen Tipi (Indianerzelt), das unsere Körper umarmte und in den Himmel hinauf atmete durch das Rauchloch in der Zeltspitze, durch das wir einen Blick auf die Sterne erhaschen konnten. Die Nacht war magisch, und wir waren es auch, als wir langsam und sanft ineinanderschlüpften, jenseits der Sprache des Dufts, über die Verletzlichkeit einer Berührung hinaus, durch die entfesselte Leidenschaft hinein in die tiefsten Tiefen der Liebe. Plötzlich brach eine Präsenz in unser Einssein ein – überwältigend und intensiv auf uns ausgerichtet. Ich öffnete die Augen und blickte in das Gesicht eines Wesens mit riesigen, grauen Flügeln.«

»Weshalb war dieses Wesen in diesem heiligen Augenblick anwesend? War es ein Engel?«

»Nein. Sein Aussehen hatte etwas Riesiges, aber nicht Großartiges. Was willst du? fragte ich in Gedanken. Sein Blick sagte mir, daß es erreicht hatte, was immer es sich vorgenommen hatte, und mit einer Wellenbewegung, als ob die Luft sich kräuselte, war es weg. Wenige Augenblicke später wußte ich, daß ich schwanger war, und ich fragte mich, was diese seltsame Heimsuchung hierfür bedeutete. Ab diesem Moment entwickelte mein Körper in den nun folgenden Wochen explosionsartig sämtliche Symptome einer Schwangerschaft. Ich war gefangen in einem emotionalen Meer von Konflikt und Verwirrung über mein Leben. In einer Nacht voller Frieden und Intimität erschien das Flügelwesen erneut. Es gab mir bekannt, daß seine Art die Fähigkeit zur Fortpflanzung verloren habe und sie deshalb von den Menschen Samen borgen würden. Ich spürte keinerlei Emotion von ihm ausgehen, außer eine Art stillen Akzeptierens. Ich wußte auch, daß es irgendwie verstand, wie schwer dies für mich war. Ich spürte eine Empfindung im Unterleib. Ich könnte nicht sagen, daß sie schmerzhaft war, sondern es war einfach eine seltsame Bewegung, und ich wußte, daß alles vorbei war. Die Schwangerschaftssymptome verschwanden so schnell, wie sie aufgetreten waren, und ich konnte mich nur noch fragen, was der Sinn des Lebens sei und wie wir je die volle Wahrheit erkennen können. Zwei Jahre später hatte ich einen Traum, in dem mir dieses Kind gezeigt wurde. Es hatte ein seltsames Energiefeld, fast wie ein Mensch, aber überlagert von einem sehr ernsthaften Benehmen, das dem des geflügelten Wesens sehr ähnelte. Sein unvergeßlicher Blick enthielt eine Frage: eine Frage des Gefühls, eine Frage des Herzens.«

Falls wir ein kosmisches Experiment sind, bin ich absolut überzeugt, daß auch wir unsere Prägung auf den Wesen hinterlassen, die in unseren Einflußbereich gelangen oder unser Wesenhaftes in ihre eigenen Lebensgefäße geben. Wenn wir im kosmischen Schmelztiegel vermischt und neu kombiniert werden, fließt auch unser Menschsein in alle anderen Träger des evolutionären Pulsschlags mit ein.

Das Menschenherz hat ungenutztes, unerreichtes Potential, eine Art Kraft in seiner Ausdehnung, die bis in die Galaxie hinaus verspürt wird. Könnte es vielleicht sein, daß bei all diesen genetischen Basteleien der pulsierende Kern auseinanderfiel, austrocknete und daß diese Herzeigenschaft als ein verfügbares Lebenselement gesehen werden könnte? Vielleicht ist seine Wirkung als Variable in bezug auf Individuen innerhalb einer Gruppe sogar ein unabdingbarer Teil der natürlichen Evolution anstelle der typischen, homogenen genetischen »Ausstechform«-Perfektion unserer Nachbarn in der Galaxie.

Wenn wir uns an diese Offenbarung gewöhnen können, dürfen wir auch erwarten, einen neuen Platz im All zu finden, eine neue Beziehung zur göttlichen Kraft und zu uns selbst.

Angesichts der Anwesenheit einer Gruppe neuer, fremder Wesen vermochten unsere Vorfahren nicht zu unterscheiden, wie sie mit ihnen in Beziehung treten könnten. Für sie waren andersartige Fähigkeiten zur Beeinflussung der Umwelt gleichbedeutend mit magischen oder göttlichen Eigenschaften. Nahezu jede Kultur auf Erden hat Mythen tradiert, wonach die Götter auf die eine oder andere Weise auf die Erde herunterkamen. Waren diese Wesen tatsächlich Götter, oder waren es einfach entwickeltere Arten von galaktischen Wesen, die wertvolle Lehren vermittelten, die menschliche Evolution ankurbelten und uns dann unserem eigenen Wachstum überließen?

Wenn ich auf den Mesas von New Mexico herumgehe und die Steinzeichnungen – eingeritzte Sterne und Wesen mit Kopfschmuck und Gürteln – berühre, frage ich mich unweigerlich nach ihrer Herkunft. Ihre Spuren in bestimmten Gegenden der Erde sind wahrhaft ehrfurchterregend. Sie gaben den Menschen eine Ausrichtung zum Himmel, und die Stufen der Tempel, die in die Höhe streben, lassen keinen Zweifel darüber offen, daß die Menschen, die mit ihnen in Kontakt kamen, überzeugt waren, es seien tatsächlich Götter.

Tragischerweise haben einige jener Schlußfolgerungen zum Aussterben ganzer Völker geführt, wenn deren Mythen genau mit der Erscheinung oder Taten von Abenteurern zusammenpaßten, die weit davon entfernt waren, Götter zu sein. So geschah es mit den Spaniern, als sie auf dem amerikanischen Kontinent mit ihren überlegenen Waffen und den glänzenden Rüstungen landeten. Ihr Anblick entsprach den Beschreibungen in mythischen Überlieferungen, wonach die Götter, die vordem erschienen waren und Schätze wie die Kenntnisse in Astronomie oder Mathematik und hochentwickelte Heilmethoden gebracht hatten, aus dem Osten, in strahlendes kosmisches Licht gekleidet, wiederkommen würden. So wurden die galaktischen Wesen zu Göttern, und Abenteurer aus fernen Landen spielten sich als Himmelsmächte auf und brachten Zerstörung über die Kulturen, in die sie eindrangen.

Es gibt viele verschiedene Gattungen galaktischer Wesen aus unendlichen Bereichen, sogar von jenseits unseres Universums. Natürlich kommen sie zu einem speziellen Zweck, von dem wir hoffen, daß er symbiotisch ist. Bei einigen spürte ich keinen Emotionalkörper, keinen Hauch von etwas, was wir als Gewissen bezeichnen würden, was wir mit unseren Gesetzen von Gut und Böse in Beziehung bringen können. Von anderen kosmischen Arten habe ich etwas wie Barmherzigkeit, eine nicht unpersönliche, aber doch eher umfassende Liebkosung gespürt – nicht die Art gefühlsreicher Liebe, die wir auf unseren Ebenen erleben. Es gibt welche, die – wie in alten Zeiten – uns neues Potential bringen oder die unsere Erde vor unseren todbringenden Projekten schützen wollen. Eines meiner eigenen Erlebnisse ist ein Beispiel für die unglaublichen Informationen, die sie uns weitergeben können:

Während mehrerer Monate sah ich in meinen Träumen und im Dämmerzustand ein Raumschiff mit einem gelblichen Lichtschein um den Oberbau. Es war mir irgendwie bekannt, und ich spürte eine gewisse Verwandtschaft, statt der Distanz, die ich gegenüber den vielen anderen in der Gegend von Galisteo gesichteten Raumschiffen empfand. Mehr als einmal geschah es, daß ich mich irgendwo wiederfand, ohne zu wissen, wie ich dorthin gelangt war, und mit einer großen Gedächtnislücke in bezug auf die Zeit. Ich hatte den Eindruck, daß ich häufig in dieses Raumschiff geholt wurde, ohne daß ich es bewußt wahrnahm, und oft legte ich mich in meinem Hausflur vor der Glastür nieder, von wo ich einen freien Blick über das Galisteobecken hatte, wo die Raumschiffe jeweils in ihrem Wolkenmantel hinkamen.

Eines Tages, als ich in einem traumähnlichen Zustand dort lag und ein Schiff beobachtete, das etwa zwei Stunden lang am Himmel Halt gemacht hatte, war ich mir plötzlich klar bewußt, daß ich wieder einmal vor den gelben Schiffsluken stand. Doch diesmal war das Gefühl nicht eines der Trennung, des Ausgeschlossenseins von etwas Undurchdringlichem, sondern ich empfand, daß ich eingeladen wäre einzutreten.

Ich wußte, daß ich im Theta-Zustand ruhiger Stille voll bei Bewußtsein war. Es kam zu einer sanften Anpassung an die Umgebung, und dann erkannte ich eine Gruppe von vier Leuten, die im Innern der Raumkapsel um mich herumstanden. Sie sahen mir sehr ähnlich, und in einem Winkel meines Verstandes regte sich der Gedanke, daß sie sich wohl in den Körpern zeigten, damit ich mich wohl fühlte.

Die kreisförmige Innenwand des Raumschiffs war fast vollständig von einem Computer mit vielen Lichtern ausgefüllt. Sie sprachen telepathisch mit mir und erklärten mir die Informationen, die im Computer und seinen Lichtern enthalten waren. Es war anscheinend eine computerisierte Weltkarte, die aufzeigte, was auf globaler, politischer, kultureller und physischer Ebene geschah. Ich behielt nichts im Kopf außer einem Bereich, der auf eine Weise beleuchtet war, daß es meine Aufmerksamkeit erregte. Die Wesen erklärten mir, sie hätten mich ins Raumschiff geholt, um mir zu zeigen, was dort geschah. Ich war mir bewußt, daß es irgendwo im Nahen Osten war.

Was sie mir sagten, ließ mein Blut erstarren. Sie erklärten, daß aufgrund althergebrachter Blutrache Kinder Kinder töteten und daß Tausende von Männern, Frauen und Kindern täglich umgebracht und in Schützengräben massenhaft verscharrt wurden. Aufgrund all des Hasses und der Rachsucht verrotteten ihre Astralkörper nun in den unteren Bereichen der Astralebene, und zwar derart, daß die Erde nicht mehr atmen konnte. Dann erhielt ich einen visuellen Eindruck von den Astralkörpern, die eine Art verschmutzten Smog bildeten, der sich in alle Richtungen ausdehnte.

Sie hießen mich, dies so vielen Leuten als möglich mitzuteilen und ihnen zu zeigen, wie sie die Toten aus der Astralebene befreien könnten, damit die Erde wieder in der Lage wäre, reines Prana zu atmen.

Die Technik bestand darin, sich eine große Fläche aus weißem Licht vorzustellen, die wie eine Autobahn in den

Himmel steigt. Wir sollten die Astralwesen ermuntern, auf diese Straße zu treten und zu denen zurückzukehren, die sie liebten und auf sie warteten. Sie zeigten mir telepathisch, daß einige dieser in Liebe mit ihnen verbundenen Menschen Seelen waren, mit denen sie in anderen oder auch in diesem Leben ein Stück Wegs gegangen waren.

Wenn die Astralwesen auf diesem Pfad aus Licht hinaufgestiegen und schließlich verschwunden waren, sollten wir dann das weiße Licht durch unseren Scheitel in uns hineinziehen bis in unser Sonnengeflecht und es dann von dort wie einen Laserstrahl nach vorn hinausprojizieren. So könnten wir unser eigenes Aurafeld von möglichen Rückständen der Astralwesen reinigen.

Als die Informationsübermittlung abgeschlossen war, fand ich mich wieder in meinem eigenen Haus, hellwach und klar. Was ich soeben erlebt hatte, war keineswegs eine Art Traum gewesen, sondern ein Zustand außerordentlicher geistiger Klarheit. Ich machte sofort Video- und Audiobänder mit dem Titel *Tod und Samadhi*, um die mir übermittelten Anweisungen weiterzugeben.

Ich sah keine Notiz in den Nachrichten über diesen Vorfall und wurde etwas verunsichert über das, was mir gezeigt worden war. Erst drei Monate später erschien die Nachricht in den Medien, daß in Syrien Massengräber entdeckt worden waren – die Folge von Bürgerkrieg und Rachefeldzügen. Die Realität erschütterte mich wie ein Stromstoß, und ich fragte mich, ob die galaktischen Wesen je wieder zurückkommen würden, um mit mir zu sprechen, und wenn ja, worüber.

All diese tiefen Erfahrungen haben in mir das Gefühl einer sehr realen, wenn auch unsichtbaren Beziehung zum Kosmos geweckt. Ich empfinde großes Mitgefühl für alle, die die Erde als Ort der Isolation erleben. Ich weiß, daß es dringend notwendig ist, Zugang zu den Himmelsenergien zu finden und sie in unsere Welt zu holen, damit das Leben in einem Körper für den Menschen nicht mehr länger als Exil betrachtet wird.

Mein Höheres Selbst hat mir eine wunderbare Übung gezeigt, um mir beim Verankern des Himmels zu helfen. Es zeigte mir, meinen Zeigefinger zu lecken, als ob ich die Sterne kosten wollte, und ihn dann in Richtung eines Sterns, oder eines Sternenbildes, zu strecken, der mich anzieht. Wenn der energetische Kontakt zustande kommt, fühlt es sich jeweils an wie ein kalter elektrischer Funken, der meinen Finger trifft. Dann halte ich meinen Finger an die Zungenspitze, als ob ich den köstlichsten Nektar kosten würde. Dies verursacht ein ganz feines Zittern in meinem Körper; eine Art weit entferntes ekstatisches Strömen. Dadurch weiß ich, daß ich mit etwas in Berührung komme, das Teil meiner selbst ist.

Es ist an der Zeit zu akzeptieren, daß wir nicht allein sind, ja sogar daß wir nicht die höchste Spezies in unserer Galaxie sind.

Wir sind zweifelsohne eine anfällige Rasse. Durch unsere Irrtümer sind wir mehr als einmal an den Abgrund der Vernichtung gelangt und mußten neue Ausdrucksweisen für längst verlorene Weisheit finden. Sie hatte sich in jenen verflüchtigt, die vor uns kamen, sogar vor unserer geschichtlichen Zeit. Wenn diese Wesen von anderen Sternen seit Urzeiten bestehen, wieviel haben sie wohl über das Leben gelernt, über die uns unverständlichen Geheimnisse der kosmischen Gesetze?

Zutiefst in mir weiß ich, daß weder das Gesetz noch die Zeit sich unendlich in einem linearen Kontinuum ausdehnen, sondern sie verlaufen in Bogen, in Kurven und kreisenden Wirbeln, in einer unendlichen Wiederholung von Ursache und Wirkung, Aktion und Reaktion, um sich immer wieder neu zu erschaffen und zu formen und durch diesen Rhythmus vorwärts zu kommen. Dann überlege ich mir, ob diese Götter und galaktischen Wesen einen Einfluß bei der Gestaltung unserer Spezies, unserer Vergangenheit und Zukunft ausübten; wenn wir uns verflechten, um eine Art kreisende kosmische Wellenbewegung einer vernetzten Bewußtheit zu erschaffen, was haben dann wir ihnen möglicherweise zu bieten? Wenn ich mich frage, was wir besitzen, das sie zu uns auf die Erde zieht, dann weiß ich, daß mindestens ein Teil der Antwort in den Tiefen des menschlichen Herzens liegt.

Vielleicht erhalten unsere Seufzer eine Antwort aus der genetischen Matrix, die ein rezessives Gen der Gefühle enthält, das sich danach sehnt, über das Universum hinweg und im ganzen Kosmos ein Echo an seine Quelle zu senden.

9 Laß die Engel frei

Was sind Engel?

Cupidos – Putten
Schwingen der Liebe
Boten
Hüter des Willens
Kosmische Sänger
Wolkenschläfer
Flüssiges Licht
Eine göttliche Hand
Freunde und Familie
Holographisches Bewußtsein
Stimmen Gottes
Träumesäer
Traumweber
Elementare Alchimisten
Devische Tänzerinnen
Universelle Arbeiter
Menschen mit Flügeln
Sichtbare Strahlenkränze
Raumschaffer
Raumbewahrer

Schönheit und Friede
Spiralförmig ineinanderfließende Farben
Symbolische Verwirklichungen
Gabriel mit Flügeln
Gelber Blütenstaub einer Blume
Eine Ahnung
Ein Lächeln, ein Freund, ein Wunder
Eine Seifenblase aus Liebe
Ich magisches Du
Zerbrechlichkeit
Humor
Dasein
Instrumente einer himmlischen Symphonie
Sonnenstrahlen
Kreativität
Übernatürlich schwebend
Sanft
Wissend
Vertraut

Schluchzen ist eine Sprache für sich. Man schluchzt in Agonie, aus Freude und in der Ekstase. Es gibt das leise wimmernde Schluchzen der zitternden Erregung, wenn jemand erwartet, geschlagen zu werden. Es gibt den Seufzer aus tiefer Brust, wenn man etwas abgeschlossen oder etwas losgelassen hat. Es gibt besondere Töne, die ein zitterndes Herz begleiten, wenn man eine neue Entdeckung gemacht hat, und es gibt den Seufzer absoluter Glückseligkeit, wenn sanfte Tränen von der göttlichen Anwesenheit zeugen.

Im Behandlungszimmer lernen wir, jede einzelne Art voneinander zu unterscheiden, damit wir wissen, wann wir warten und wann wir sprechen müssen, wenn jemand schluchzt. Manchmal geraten sogar wir selbst in die Energie der Tränen, wenn jemand mit einem Aspekt seines heiligen Kerns in Berührung kommt. Jenseits allen Unrechts, aller Trägheit, aller Vorurteile, flackert etwas auf, worin man seine Vollkommenheit erkennen kann. Vielleicht ist es eine Geste wahrer Liebe, die Klarheit der Weisheit oder ein flüchtiger Blick des Selbst, das einen himmlischen Körper ähnlich einem Engel trägt. Die Tränen sind die sanfte Berührung der Wahrheit, die das bestätigen, was man nie laut zu sagen wagt: daß wir Teil eines vollkommenen Ganzen sind. Es ist fast mehr, als wir ertragen können. Aber immer und immer wieder zeigt es sich bei uns am Light Institute, und wir, die wir der Ehre zuteil werden, dieses profunde Zusammenkommen zu beobachten, dürfen kühn darauf beharren, daß wir es nicht nur im Geschehen erkennen, sondern zutiefst im Kern: innerhalb der DNS-Struktur des genetischen Codes.

Das Beobachten der DNS hatte das Schluchzen hervorgerufen, das jetzt vor sich ging. Sie war eine Frau Ende Vierzig, die soeben eine Engelserfahrung nochmals durchlebt hatte und dies nun an einem Strang ihrer DNS sehen konnte. Es ist etwas ganz Besonderes, wenn man erfährt, daß die Heiligkeit in unserem ureigenen Kern absolut verankert ist, und es führt zu einer überwältigenden Reaktion – das Schluchzen beginnt.

Sie beschrieb es als einen spinnwebfeinen Samen durchsichtigen, pastellfarbenen Lichts, der so liebevoll pulsierte, daß ihr ganzer Körper sich durch diese Liebe liebkost fühlte. Als sie vom Behandlungstisch herabstieg, war sie ein neues Wesen, jemand, der seiner eigenen Güte vertraute. Sie brauchte sich keine Mühe zu geben, engelsgleich zu sein; es war für sie etwas ganz Natürliches, ohne daß sie sich darüber Gedanken zu machen brauchte oder sie dabei verlegen wurde.

Auf Engel reagieren wir meist mit Ehrfurcht. Sie kennen keinerlei Bosheit, sind anscheinend aus reinstem Licht, und so sind sie vielleicht die einzigen Wesen, die wir als wahrhaft göttlich erkennen. Obschon wir bestimmten Engelarten sehr stark gleichen, können wir unsere Verbindung mit ihnen nicht ergründen. In Wahrheit sind sie unsere Vettern, als Art so nahe verwandt, daß wir von ihnen träumen, mit ihnen sprechen können und spüren, wie sie um uns herum schweben. Wir singen Lieder über sie, und manchmal, ganz selten, hören wir sie vielleicht in Himmelschören. Maler trugen dazu bei, daß wir der Engel gewahr wurden, indem sie uns ihre Form zeigten und unser Herz für ihre wunderbare Schwingung öffneten. Der künstlerische Ausdruck vermittelt uns die psychischen, emotionalen und spirituellen Energien, die uns mit den Engeln verbinden.

Eine meiner Schülerinnen, die ein Leben als berühmter Maler erlebt hatte, erwähnte, daß immer Engel um ihn versammelt waren, wann immer er malte. Sie berichtet: »In einem meiner Leben als berühmter Maler entdeckte ich, daß mich immer drei oder vier Engel begleiteten, sobald ich malte. Ich arbeitete vor allem an religiösen Themen, und mein Meisterwerk war ein Altarbild mit der Auferstehung Jesu Christi. Während ich malte, erzählten mir die Engel, wie Jesus körperlich ausgesehen hatte. Wir begannen eine lange Diskussion über seine Nase. Eines Tages beschloß ich, einen meiner kleinen Engelfreunde zu porträtieren. Da ich sie nicht sehen konnte, erzählten sie mir, wie sie aussahen. Durch meine Malerei wurden sie für mich selbst und andere sichtbar.« (Die Beschreibung ist die eines Cherubs.)

Obschon wir im Westen dazu neigen, die Engel als Verkünder des jüdisch-christlichen Zeitalters zu sehen, sind sie in fast allen Religionen und Kulturen aller Zeiten abgebildet worden. Seit Jahrhunderten wurden überall auf Erden beflügelte Wesen als Teil der Mythologie und der Kultur beschrieben. Im Reich der Engel gibt es viele »Arten« wie zum Beispiel Seraphim, Cherubim, Schutzengel, Erzengel – um nur einige wenige zu nennen. Jede Art hat einen kennzeichnenden Körpertypus und Flügelaufbau. Daneben gibt es auch viele Flügelwesen, die wie Engel aussehen, aber keine sind. Götter und Dämonen haben gelegentlich Flügel angelegt, um zu zeigen, daß irdische Gesetze für sie nicht gelten.

Engel und Menschen haben eine lange, wechselhafte Beziehung miteinander, und unser Karma ist eng mit dem ihren verknüpft. Wir haben uns weiter in die materielle Form vorgewagt und das Joch des freien Willens auf uns genommen, während sie im Lichtkörper verharren, um uns an unseren Ursprung zu erinnern. Obschon sie in unseren Augen ewige Wesen sind, die immer gleich sind und bleiben, veranlaßt sie ihre karmische Beziehung mit uns, die zeitlose Astralebene als Schnittstelle zu unserer sich dauernd wandelnden Welt zu benutzen.

Innerhalb der Astraldimension gibt es viele verschiedene Schichten, von den tiefsten, dunkelsten Winkeln des Fegefeuers und der Hölle bis zu den höchsten Schwingungsebenen der himmlischen Reiche. Die astrale Dimension ist gleichzeitig in unserem Raum anwesend, nur durch einen Schleier verhüllt, den unser Bewußtsein selten durchdringt, ausgenommen im Schlaf und in einem veränderten Bewußtseinszustand. Die Zeit existiert dort nicht so wie hier für uns, und so sind alle himmlischen Strahlenwesen und Dämonen erstarrt in einem traumähnlichen Nebel unendlicher Kontinuität.

Wenn wir unser Universum und unseren Platz darin verstehen wollen, müssen wir es als dynamischen, unendlichen Puls sehen, in dem alles Leben sich dauernd wandelt und entwickelt. Wir haben Gedankenformen begünstigt, die behaupten, die Natur unterstehe den Gesetzen der Entwicklung, Göttliches und Heiliges hingegen nicht. *Doch alles, was lebt, wandelt sich.* Mein Höheres Selbst sagt: »Gott wächst durch dich!« Die Gotteskraft experimentiert mit unseren grenzenlosen Anlagen, und wir verändern das Göttliche durch unsere Entfaltung. Manchmal scheint es unmöglich, herauszufinden, wer oder was denn dieses Experiment beaufsichtigt. Doch wenn man seine Wirklichkeit erlebt, erkennt man, daß wir selbst auf irgendeine Weise die Experimentatoren sind.

Wir waren einmal der androgynen Form der Engel sehr viel ähnlicher, als wir es heute sind. Nach dem Versuch mit der sexuellen Teilung in Atlantis trennten sich auch die männliche und die weibliche Energie. Der Mensch wurde mehr männlich, auch in weiblichen Körpern, und das sanfte Engelreich rückte weiter weg, während die Atlantiden andere Wesen schufen, von denen einige auch Flügel hatten. Die engelhafte Yin-Energie wurde durch die Begeisterung der Atlantiden für Genmanipulationen verdrängt. Dieses dominierende Vorgehen führte zum Wunsch nach persönlicher Macht und brachte die Welt in die Klauen männlicher Manifestierungsgesetze.

Die Engel wurden immer schon durch ihre weiblichen Eigenschaften geleitet, und sie arbeiten und leben in einer höheren Ordnung, in der individuelle Entscheidungen nicht nötig waren. Ihr Bewußtsein kann deshalb leicht auf sehr hohen Frequenzen gehalten werden, da die Kraft des Ganzen ihr Licht bewahrt. Unser Licht hat stark abgenommen, weil wir uns vor der Vermischung unserer Energien scheuen und in der Trennung des Yang oder männlichen Willens verharren. Unser gesamtes Universum kehrt jetzt zur fließenden Wesensart des Yin zurück, und das ist ein gutes Zeichen für die Zukunft der Menschheit, wenn wir verinnerlichen können, was uns die Engel zeigen.

Obschon wir uns zur Zeit vielleicht durch die Kriege und die Negativität auf Erden mutlos fühlen, sind diese nur die Todesschreie alter genetischer Reste, die nicht mehr weiter in unserer Erbmasse fortbestehen werden. Von nun an dienen sie keinem Entwicklungszweck mehr, da ihr Wesen zerstörerisch ist. Wir haben im Rahmen des Experimentes eine autonome Ebene erreicht, auf der unsere Erfahrung das Gesetz von Ursache und Wirkung erhellt, so daß unser Überlebensverstand die Gefahr dieses Vorgehens für die Menschheit als Ganzes erkennen kann. In dem Maße wie wir die erleuchteteren Stränge kosmischer Codierung hervorholen, die uns unseren wahren Sinn und Zweck ins Bewußtsein bringen, werden wir nicht mehr durch Gewalt zu überleben suchen, sondern unsere schöpferische Anpassungsfähigkeit annehmen. Aus diesem Grund treten jetzt die Engel hervor – nicht um zu retten, sondern um uns zu helfen, unsere eigenen engelhaften Anlagen und Eigenschaften zu aktivieren, damit wir in ihre Schwingungsebenen hinaufsteigen können. Obgleich sie uns viel lehren können, spielen auch wir eine besondere Rolle in ihrer Evolution. Letzten Endes werden unsere Kenntnisse über das Leben im physischen Körper sehr wertvoll sein bei der Schaffung einer neuen Gattung Mensch, die imstande sein wird, die feinstofflichen Frequenzen der Engel mit den physischen Ebenen zu verbinden. Unsere konkrete Erfahrung kann dazu dienen, die genetische Ausstattung der Engel zu verstärken, indem wir ein Element der Körperlichkeit an sie zurückgeben, das für ihre Evolution wesentlich ist.

Erst seit kurzem spricht man überhaupt von der Möglichkeit, daß es wirklich Engel gibt und »normale« Menschen Zugang zu ihnen finden können. Noch vor hundert Jahren wäre man wohl als Ketzer verbrannt worden, hätte man behauptet, man habe einen Engel gesehen oder mit ihm gesprochen. Heute würde man nicht nur Gehör finden, sondern gelobt werden. Unsere Beziehung zu den Engeln geht in eine neue Richtung: eine Richtung zurück zum machtvoll Wesenhaften des Geistigen. Die Frage lautet nicht: »Gibt es sie?«, sondern: »Was sollen wir mit ihnen machen? Wie können wir mit ihnen in Beziehung treten?« In Anbetracht aller himmlischen, galaktischen und devischen Gattungen wollen wir uns an die Engel halten, denn sie stehen den Menschen am nächsten, und ihre Haltung ist unser bestes Vorbild.

Wir haben Engel gemalt, seit langem zu Engeln gebetet, und nun brauchen wir sie in ihrer ganzen Glorie, Güte und in ihren Möglichkeiten, um diese Übergangszeit zu erhellen und die Güte in unserer Welt zu erkennen und zu spüren. Wir glauben nicht, daß wir gut sind, doch glauben wir, daß sie es sind. Es ist nötig, den Kreis zu schließen, damit wir die engelhaften Eigenschaften verinnerlichen und sie als angeborenen Teil der Engel-Menschen-Verbindung erkennen können. Es ist schwer vorstellbar, daß derart großartige, machtvolle Wesen durch unsere Entscheidungen beeinflußt werden könnten, und doch ist es so, daß innerhalb der kosmischen Gesetze alle Beziehungen kreisförmig sind.

Wir müssen die Engel als die wahren Lehrer unseres menschlichen Potentials anerkennen und sie aus der karmischen Schuld entlassen, durch die wir sie für uns und unseren Schutz verantwortlich machten, weil einer ihrer Art, Luzifer, durch das Ausüben des freien Willens der Brennpunkt für die Beziehung zu den Menschen war. Jene einsame Tat, nämlich der Versuch, das Licht für sich zu tragen, verursachte ein Gefühl der Trennung und verdunkelte die bewußte Erleuchtung – ein Zustand, der seit Äonen gedauert hat. Wer urteilte über diese Entscheidung – die Engel? Wenn dem so ist, haben sie Karma geschaffen, das sie nun abtragen, indem sie uns helfen, derartige Fallstricke zu vermeiden. Da alle Erfahrung uns etwas lehrt, haben sie vielleicht auf diese Weise die Gesetze des Nichteinmischens und Nichturteilens gelernt. Wir müssen uns klar werden, daß auch die Engel als Gattung einen Entwicklungsprozeß durchlaufen. Auf jeden Fall wollen die Engel die Menschen nicht richten. Gut und Böse ist kein Thema für sie; es ist allein unseres. Angst vor der Polarität wurde nicht von oben nach unten gegeben; sie wurde von Menschen ausgeheckt, indem sie ihre eigene Negativität projizierten, um sich im Glauben zu bestärken, daß es etwas Größeres gibt, das den menschlichen Irrsinn nicht akzeptieren würde. Wie tragisch, daß wir unsere göttliche Barmherzigkeit und bedingungslose Liebe in Fetzen der Scham kleiden.

Die relativ kurzfristige Wirkung des luziferischen Angriffs auf das Licht hat uns zur irrtümlichen Schlußfolgerung verleitet, daß die Gotteskraft uns wegen dieser unvorsichtigen Tat zur Machtvergrößerung – da wir Gott nachahmten – bestrafen will und daß wir deshalb jede Möglichkeit, gottähnlich zu werden, unterdrücken müssen. Diese Annahme geht nur auf menschliche Verwirrung zurück, da die Menschen sich nicht vorstellen können, daß die Gotteskraft stets einen Zuwachs an strahlendem Licht wünscht, um die Schöpfung noch großartiger zu machen. Es ist geradezu lächerlich, daß wir unsere illusorischen Besitzansprüche auf die Unendlichkeit projizieren, während alle anderen Entwicklungskräfte dauernd erfolgreiche Eigenschaften klonen und nachahmen und wiederholen. Nur der getrennte Mensch belastet die göttliche Quelle mit derart armseligen Motiven, da er/sie sich »Gott« immer noch nur in menschlicher Form vorstellen kann.

Manche Leute nennen die Menschen »gefallene Engel« und sprechen davon, daß Luzifer es wagte, seinen freien Willen zu gebrauchen und uns alle, seine Erben, in dieses dunkle Loch stürzte. Dies führte zur fast überall verbreiteten Schlußfolgerung, daß wir uns rechtschaffen abmühen müssen, um Gottes Gnade wiederzuerobern, und daß wir leiden müssen, um für Luzifers »Fehler« zu büßen. Dies ist eine Erfindung jener Leute, die glauben, die Menschen sollten in eine Welt der Strafe zurückversetzt werden, damit man sie besser beherrschen kann. Es ist so sehr menschlich zu glauben, daß wir immer nur das Schlechte erben, nie das Gute. Unsere Logik ist einseitig und auf Schuldzuweisung ausgerichtet. Wenn wir schon Luzifers Lust zum freien Willen geerbt haben, werden wir wohl auch die Großartigkeit des gesamten Engel-Erbcodes in uns haben, den er ja auch in sich trug. Ist es nur ein Samenkorn, das auf sein Reifen wartet, oder sind wir der Aktivierungsfaktor, und geht es nur darum, daß wir unser Recht auf unser eigenes, erleuchtetes Erbe beanspruchen? Es handelt sich dabei nicht um ihn, sondern um uns!

Hat Luzifer den freien Willen in unser Erbgut eingebrannt, damit wir ihn nun mit engelhafter Anmut ausüben und die übrigen Charakterzüge verstärken, die den Engeln einen bevorzugten Platz in unserem Herzen einräumen? Wir können uns auf jeden Fall gleich jetzt dafür entscheiden.

Wenn wir bereit sind, die Verantwortung für unsere eigenen Entscheidungen zu übernehmen und sie ins Licht der reinen Absicht zu halten, können wir womöglich die Engelsfrequenz auf eine neue, höhere Ausdrucksebene bringen. Und wenn wir das tun, werden wir den Engeln erlauben, sich ihrem eigenen Schicksal zuzuwenden, da wir sie so von ihrem menschlichen Karma befreien. Es scheint, daß die Engel bereit sind, auf unsere entsprechende Entscheidung zu warten. Sie können bei uns bleiben und uns verteidigen, schützen und zu uns sprechen, oder sie können frei werden für ihre eigenen dringenden Entwicklungsvorhaben. Die Initiative muß auf alle Fälle von uns kommen, sobald wir bewußt genug sind, die Engel freizugeben. Dies wird eine Geste des freien Willens in seiner erleuchtetsten Anwendung sein.

Während unsere Welt sich in diesem außerordentlichen Übergang zu einer aufgeklärteren Zeit befindet, ist es schwer zu verstehen, wie wichtig es ist, die wenigen guten Energien freizulassen, die die menschliche Hoffnung aufrechthalten. Es ist aber entscheidend wichtig zu erkennen, daß wir Teil eines größeren Ganzen sind, von dem wir Dinge ausleihen und mit dem wir tauschen können, um neue Möglichkeiten und Potentiale zu schaffen. Da wir gemeinsames Erbgut mit den Engeln haben, dürfen wir darauf vertrauen, daß wir in uns auch all jene großartigen Attribute gespeichert haben. Wir haben all das Gute auf die Engel projiziert, und wenn wir uns mit ihnen vergleichen, finden wir nun, wir seien eine unwürdige Kopie. Erst wenn wir die alte Welt durch das klare Objektiv der geistigen Bewußtheit sehen lernen, werden wir mit allen Erfahrungen ins reine kommen. Wir erben von den Engeln die Fähigkeit zu bedingungsloser Liebe, die sie selbst durch ihre eigenen Torheiten und Handlungen lernen mußten. Sie könnten die Schwingung des Lichts nicht so aufrechthalten, wie sie es tun, wenn sie Luzifers karmische Schuld noch mit sich trügen, indem sie ihm immer noch die Schuld zuschieben. Wir binden sie an uns, indem wir um ihren Schutz beten, den sie uns aufgrund Luzifers Tat versprachen, statt selbst die Verantwortung für uns zu übernehmen. Wir könnten mit den Engeln auf ihrer Schwingungsebene kommunizieren. Wenn wir ihnen signalisieren, daß wir bereit sind, von den niedrigeren Ebenen aufzusteigen, sind auch sie bereit, in höhere Oktaven zu transzendieren.

Wohin würden sie gehen? Ich erhielt eine atemberaubende Antwort auf diese Frage in einer Sitzung, in der ich das Thema »Engel« klären wollte.

Es begann mit einer Beschleunigung des Energiefeldes in der obersten Astralebene des Engelreiches: »Die goldgelbe Christusenergie, die im Engelreich vorherrscht, wird verstärkt, als ob sie sich auf einen Übergang vorbereiten würde. Das himmlische Tor öffnet sich, ich blicke hinaus und sehe, wie eine überwältigend große Galaxie um ihre Achse wirbelt. Ich fließe durch die Öffnung in das Lichtenergiefeld. Es fühlt sich an wie Seide und Wasser, und ich spüre, wie es mein innerstes Sein liebkost. Es ist ein vollständig neues Energiefeld, in das die Engel aufsteigen werden. Wir wandeln uns von einer Kohlenstoffatomgrundlage zu einer Kristallatomgrundlage. Diese wirbelnde Galaxie ist kristallin strukturiert. Die Kristallatome sind wie Pulverschneeflocken – etwa mit einer Million Facetten, die von einem Windstrom gefächelt werden. Es ist eine andere Art Lichtmolekül.«

Mein Höheres Selbst sagt: »Was die Sonne mit ihrem goldenen Licht für die Erde ist, ist diese wirbelnde Galaxieenergie für den Blitz, wenn auch dabei keine elektrische Spannung vorkommt.«

»Diese kraftvolle Energie wirbelt in Richtung Astralebenen der Engel, und sie schwappt über in die höheren Ebenen wie Milch über den Glasrand und fließt hinunter durch die Erde. Es ist ein Aspekt des Photonengürtels, der unsere Astraldimension bombardiert, und wenn er durch die Erde geflossen ist, gleitet er in die dritte Dimension hinein. Ich erkenne, daß ich dieses außerirdische Licht bereits vorher in meinen tiefsten Bewußtseinszuständen gesehen habe. Das Galaxieenergiefeld ist seinerseits ein Drehpunkt in eine andere Frequenz hinein, in der ich einen Lichtkörper annehme, der wie ein Obelisk aus sehr hellem, weißem Licht ist. Es fühlt sich an wie ein verzogenes Lichtfeld, das den Raum glättet. Es wechselt die Dimensionen und öffnet verkapselte Räume.

Indem diese Galaxieenergie in den Himmel vordringt, läßt sie die Engel aufsteigen. Das wunderschöne goldgelb durchscheinende Christuslicht wird durch die verstärkte Schwingungsfrequenz befreit und wandelt die DNS der Engel. Das Christuslicht verleiht den Engeln eine Fröhlichkeit, die den Wandel erleichtert. Und nun klärt sich das Engel-Menschen-Karma. Anfänglich erscheint es wie hohler Bernstein, aber in dem Maße, wie die Schnittstelle zwischen uns sich auflöst, wird es zu einem kraftvollen Strahl Christuslicht. Wie von einem Laser getroffen, explodiert die Form des göttlichen Racheengels, und eine ganze Astralebene tieferer Schichten löst sich auf und nimmt unsägliches Leiden und Trennung mit sich.

Die Energie grenzenloser Freude durchströmt mich, und ich spüre die absolute Verbindung mit den Engelsfrequenzen. Als flüssige rosa Perle fließen sie durch das neunte und achte Chakra in mich ein, wirbeln den Lotos meines Scheitelchakra, schießen spiralförmig durch meine Augen und ganz hinunter wie ein kleiner Kokon aus Licht. Ja, ich werde immer wissen, wo die Engel sind: in einer wirbelnden Galaxie aus Kristall, die auch wir eines Tages erben werden!«

Ich wurde mir während einer Stunde mit meinen Nizhoni-Theologieschülern bewußt, daß wir die Engel freilassen müssen. Wir hatten Karma vom holografischen Blickwinkel aus besprochen, wie Ursache und Wirkung einen Kreis bilden und sich immer wieder schließen, um eine Wellenbewegung von Aktion und Reaktion zu schaffen, die nahezu unendlich weitergeht, wobei Vergangenheit und Zukunft als gleiche Energien ineinanderfließen. Im Rahmen des Projektionsgesetzes betrachteten wir unsere Trennung vom Göttlichen. Wir arbeiteten am geistigen Axiom, daß alles, was außen ist, auch immer innen ist. So stört uns eine negative Eigenart einer anderen Person nur, wenn wir die gleiche Eigenschaft verstecken oder ablehnen, und was wir als außerordentlich und vortrefflich empfinden, lebt auch in uns, sonst könnten wir es gar nicht wahrnehmen. Wenn wir Energien, sowohl positive als auch negative, in uns selbst erkennen, werden wir frei von der karmischen Bindung an äußere Ursachen; sowohl die Innen- als auch die Außenwelt wandelt sich.

Ich hatte das Beispiel der Engel genommen, um darzulegen, wie wir sie gefangenhalten, weil wir nicht verstehen, daß sie ein Teil von uns sind. Ich hatte darauf hingewiesen, daß wir, falls wir mutig genug wären, sie freizulassen, selbst zu Engeln würden. Sie wären sehr glücklich, uns bei dieser Großtat zu helfen. Die Erde und der Himmel wollten immer Engel haben. Ihr Erbe würde verstärkt und in unserem Erbcode verankert, um sicherzugehen, daß die neue Menschengattung die höchste geistige Energie mit sich bringt. Während ich sprach, hatte eine der Schülerinnen plötzlich die Idee, daß wir einen Sticker machen könnten mit dem Spruch: »Laß die Engel frei!«

Seither habe ich nie aufgehört, auf der ganzen Welt über die Freilassung der Engel zu sprechen. Die Wirkung ist verblüffend. Das Leben vieler Menschen hat sich grundlegend geändert, wenn sie erkannten, daß sie mit den Engeln kommunizieren können und nicht nur Botschaften oder Empfindungen von ihnen erhalten.

Wenn man die Engel nach ihrem Zweck und ihrer Botschaft fragt, sind sie sehr erleuchtend. Ich habe meine Schüler gebeten, mit einigen der Engel ins Gespräch zu kommen und über den Inhalt der Zwiesprache zu berichten. Nachstehend ein paar kurze, aber besonders interessante Auszüge:

»Die Engel kamen als schnelle Silberenergie. Sie sagen, daß sie noch hier sind, weil sie so stark mit dem menschlichen Herz verbunden sind. Sie öffnen es und werden dadurch selbst genährt. Mein Höheres Selbst sagt, daß sie auch andere Sphären für uns auftun. Wir haben mit ihnen Geschenke ausgetauscht, um sie loszulassen. Sie schenkten mir aprikosenfarbenes Licht, das mir das Gefühl gab, mein Scheitelchakra dehne sich aus. Sie baten mich, ihnen eine Straße zu schenken. Als sie diese in sich aufnahmen, schienen sie in einem intensiven himmelblauen Licht zu stehen.«

Gespräch mit vier Engeln: »Wir sind Boten der Liebe und halten die Tore offen. Wir flößen Vertrauen in das Menschenherz und bereiten die Menschheit auf den großen Sprung vor.«

Gabenaustausch: »Der erste Engel gibt mir ein paar Flügel. Der zweite gibt mir eine Schale mit durchsichtigem Elixier, das ich trinken soll, um mich zu läutern. Der dritte Engel reicht mir ein glänzendes Schwert, um meine Dämonen damit zu bekämpfen, und der vierte gibt mir einen Kristall mit sieben Spitzen, um die Wahrheit und das Licht auf Erden festzuhalten.

Ich gebe dem ersten Engel meine Augen, damit er die Welt sehen und verstehen kann. Dem zweiten gebe ich meine Arme und Hände, damit er den Schmerz der Menschen lindern kann. Dem dritten gebe ich meine Beine und Füße, damit er durch mich der Macht des Unwissens widerstehen kann, und dem vierten überlasse ich mein Ego, damit er mich als demütiges Werkzeug zum Nutzen der Welt einsetzen kann.«

Der Erzengel Michael breitet seine Flügel aus: »Ich bin hier, um die Metamorphose der menschlichen Art in höhere Schwingungen des Lichts und göttlicher Liebe zu fördern. Ich bin der Bote des Lichtkörpers. Ich trage die Energie der Liebe und des Friedens in mir, durch die die Menschen ihr wahres Selbst erkennen können. Ich halte das Schwert der Wahrheit und den Schlüssel des Lichts.«

Der Erzengel Gabriel: »Ich bin ein Torwärter und auf das Herz und Klangschwingungen eingestimmt. Ich bin hier, um die Matrix des Herzchakra neu zu schaffen und bedingungslose Liebe zu bringen, zu lehren und aufrechtzuerhalten. Ich fördere Freude, Lachen und Spiel. Ich behüte Kinder im Wachzustand und im Schlaf. Ich helfe ihnen, mittels der Klangschwingung lesen und schreiben zu lernen.«

Bei jeder Kommunikation tauschen die Schüler mit den Engeln Geschenke aus, um ihre Energien auf die der Engel einzustimmen und sich in Engelsfrequenz zu begeben. Ich habe in all meinen Büchern über dieses Muster gesprochen, weil es ganz einzigartig ist, diese Energien, die ausgetauscht werden, tatsächlich zu spüren. Die Symbolik und Form dieses Austauschs ist immer sehr persönlich. Hier noch zwei wunderschöne Beispiele.

Gabenaustausch: »Ich gab den Engeln türkisfarbenen Regen. Er begann das rosaweiße Licht aufzulösen, das wie ein Nebel alles durchdrang. Alles begann zu verschwinden, einschließlich der Bilder von Jesus, Maria und all den anderen. Alles verschwand, und zurück blieb nur ein schwarzes Loch, das die Geschichte des Universums verschluckte und unsere eigene Schöpfungsgeschichte ebenfalls. Nichts. Stille. Eine schwarze Leinwand. Und dann, wie eine ewige Gebärmutter, schäumte das Wasser und durchnäßte mich mit neuem Leben. Hervorragend.«

»Die Engel gaben mir eine goldene Scheibe, eine Uhr ohne Zeiger und Zifferblatt. Sie drangen durch mein drittes Auge in mich ein. Als sie eindrangen, spürte ich einen flüchtigen Augenblick lang die Federleichtigkeit des Engelseins, die Flügel an den Schultern und das Empfinden der Füße. Ich erweckte meine Engelsfrequenz zum Leben ... Dann Frische und Dankbarkeit. Sie begleiten mich immer noch.«

Eine meiner Freundinnen, eine sehr fähige Tierheilerin, die ständig Engel um sich hatte, erzählte mir, daß das Loslassen der Engel eine der erschreckendsten und magischsten Erfahrungen ihres Lebens war. Sie beschrieb, wie die Engel sie immer mit ihrer großen Liebe umgeben hatten, und sie fragte sich, ob sie ohne diese Liebe und Anwesenheit würde leben können. Sie war schon immer eine stark medial veranlagte, sensible Person gewesen, und die Engel hatten ihr geholfen, inmitten allen Leides um sie herum zu überleben. Als ich in einem meiner Seminare über das Freilassen der Engel sprach, spürte sie kalte Schauer im ganzen Leib, und die Haare im Genick standen ihr zu Berge; das geschieht immer, wenn etwas besonders Wichtiges, Wahres geschieht. Sie ging sofort nach Hause, trat in ihren Garten und blickte in den sternerfüllten Himmel hinauf. Wie sie so allein im Dunkeln stand, bat sie ihre Engel, sie möchten zu ihr kommen und ihr sagen, ob sie dieses Vorgehen gut hießen. Die Engel waren ganz ekstatisch und umgaben sie mit der köstlichsten Liebe, streichelten sie und fächelten ihr mit den Flügeln Luft zu, während sie ihren Tränen freien Lauf ließ. Sie war umgeben von einem sanften rosa Leuchten, und plötzlich spürte sie, wie die unglaublichste Liebe aus ihr heraus in alle Richtungen strömte. Als sie dieses Erlebnis schilderte, sah ich den goldenen Rand eines Heiligenscheins um ihren Kopf. Überwältigt vom sanften Blick ihrer Augen, spürte ich, daß ich mich einem wahren Engel gegenüber befand.

Die beste Methode, die Engelsfrequenz im Körper zu verankern, ist, sie energetisch zu erleben. Obschon im Laufe normaler Sitzungen mit dem Höheren Selbst manchmal Leben als Engel auftauchen, zeigen sie sich häufiger bei »speziellen« Sitzungen. Nur ein kurzer Blick in die höheren Astralebenen der himmlischen Reiche genügt, um haufenweise Selbsthaß, Verachtung und Vorurteile aufzulösen.

Es ist wichtig, daß man das Tabu des Direktkontaktes mit dem Göttlichen bricht. Die meisten Religionen haben davor gewarnt und es als Gotteslästerung oder Wahn bezeichnet, da sie meinten, daß ein geeigneter Vermittler eingeschaltet werden müßte. Entweder hatte die Geistlichkeit die wenigen sorgfältig ausgesucht, die dieser Stellung »würdig« waren, oder ein Mensch mußte jahrelang ausgebildet werden, bevor er für diese erhabene Aufgabe geeignet schien. Die Nizhoni-Schule konzentriert sich darauf, jedem zu helfen, die göttliche Quelle direkt in seinem eigenen Körper und Bewußtsein zu verankern. Da unsere DNS sämtliche Lehren aus Äonen religiöser Theorie in sich enthält, braucht die Welt heute vor allem die Praxis göttlichen Lebens. Das muß nicht ausschließlich durch eifrige Disziplin geschehen, sondern durch ein verzücktes, seliges Einfließen geistiger Bewußtheit in jeden Aspekt unseres Lebens.

Wenn man plötzlich entdeckt, daß man in einem Engelskörper steckt und engelhafte Erfahrungen macht, dann verändert sich die eigene Schwingung ganz erheblich. Manchmal scheut sich oder schämt sich eine Person, im Laufe einer Sitzung anzuerkennen, daß sie ein derart großartiges Wesen wie ein Engel ist. Wenn diese Menschen dann aber die Liebe und die Barmherzigkeit empfinden, die sie aus der Engelswelt in sich haben, sind sie überwältigt. Es ist eine

Frequenz unseres Geburtsrechts, die wir allzu lange nicht gespürt haben.

Karma mit Engeln zu klären, indem wir Erinnerungen an andere Leben wiedererwecken, ist eine vorzügliche Methode, um aus erster Hand die Engelsfrequenz zu erleben, so daß wir sie hier in der dreidimensionalen Welt nachahmen können. Hier ein Erlebnis einer Schriftstellerin, die sich in einer parallelen Engelexistenz wiederfand:

»Ich drehe mich um meine Achse und fliege gleichzeitig. Nun spüre ich eine leichte Struktur in der Luft, eine Art Süße. Jemand befiehlt mir, die Augen zu öffnen und sagt: ›Wir sind alle hier.‹

Ich öffne meine Augen und sehe eine Gruppe Cherubim um mich herum und etwas weiter weg einen Erzengel. Sie spielen herrliche Musik auf ihren Harfen, und ich habe ebenfalls eine Harfe. Sie lachen und sagen: ›Schreib etwas für uns, damit wir deine Freude verbreiten können!‹

Ohne nachzudenken, drehe ich meine Hände in der Luft und, o Wunder, ich habe ein Engelbuch hervorgebracht. Es ist, als ob man in eine Muschel greift, eine Perle faßt und sie herausholt. Es ist eine Sammlung von Menschengeschichten, humorvoll und tiefgründig. Die Geschichten sind im Licht der kosmischen Wahrheit erzählt, die die karmischen Gesetze erleuchtet. Wir erfahren, was sie für die Seele bedeuten, und wenn die Geschichte zu Ende ist, applaudieren wir und rufen Beifall und spielen unsere Harfen.

Der Erzengel beginnt ein Gespräch mit mir. Im Wesen ist er mir ganz bekannt, fast als wäre er ich. Ich wage die Frage: ›Bin ich schon einmal du gewesen?‹

Mit einem sanften Lächeln antwortet er: ›Ja.‹

Er trägt das prächtigste Paar Flügel und einen äußerst feinen

Heiligenschein. Er weist mich auf die verschiedenen Arten von Strahlenkränzen hin: ›Wenn du Engelbücher schreibst und hervorbringst, hast du zerstreute Farbflecken in deinem Strahlenkranz. Du mußt den opalisierenden weißen Perlenkranz verwenden, um das höchste Geschenk zu machen.‹

Wir sprechen in einer Bildersprache. Er zeigt mir einen langen Weg, auf dem Menschen ihre Gefühle ausdrücken. Der Weg dehnt sich aus, und wir besprechen, was man den Menschen zum jetzigen Zeitpunkt zeigen kann. Ich will Sternensamen in einen kleinen Weiher am Weg mischen. Er sagt: ›Du kannst etwas Sternenessenz in die Moleküle geben. Der Sternensamen, Wasser und Licht werden vermengt, indem ich das Wasser schwinge, um es gut zu mischen, damit es in die menschliche Form gebracht werden kann.‹

›Wirst du mir helfen?‹

›Ja‹, antwortet er, ›aber es wird ein bißchen weh tun, und es muß durch dich geschehen.‹

Ich versuche, mir die Art Schmerz vorzustellen, die mit seiner Energie zusammenhängen könnte, doch schon trifft mich der Schock eines Laserpfeils mit funkelnder Spitze, der plötzlich durch meine Schädeldecke und durch den Gaumen in meine Kehle dringt. Blitzende Funken sprühen in alle Richtungen, und mein Körper beginnt sich aufzulösen. Als er den Pfeil langsam herauszieht, sammelt sich mein Leib wieder in einer schwirrenden, sprühenden Masse, die dann oben aus dem Kopf hinausfließt. Die Engelbücher strömen durch den Scheitel ein und ich spüre, wie mein Körper sich in einen Engel seines Formats wandelt.

›Nun wollen wir den Angelpunkt deiner Engelenergie zum menschlichen Körper hin öffnen, damit du erleben kannst, daß du in beiden Körpern zugleich lebst.‹

Ich spüre einen leichten Druck etwas über dem Herzen, unterhalb der Kehle. Ich bin mir ganz intensiv bewußt, daß alle anderen Engel sich um uns versammeln. Lachend geben sie ihre Zustimmung.

›Weißt du, das ist für uns alle von Vorteil. Willst du deine Flügel ausprobieren?‹

Ich spüre, wie sich zwei riesige Flügel um mich legen und meinen ganzen Körper umfangen.

›Wenn du abspringen willst, werden sie sich öffnen. Versuch's!‹

Ich springe, und sofort fliege ich auf die Sonne zu. Ein sanftes goldenes Licht durchströmt mich, und ich weiß, daß ich dieses Licht in meine Aufgabe auf Erden einfließen lassen kann.«

Die Zeit ist gekommen, daß wir alle die Engelsfrequenz erwecken. Der nächste Schritt unserer Evolution ist in Sicht und wir können die nächste Sprosse der Leiter erklimmen, was für uns einen großen Sprung nach oben bedeutet, da wir eine vollständig neue Wirklichkeit erleben werden.

Viele unserer Kinder und Kindeskinder werden über Engels-Angelpunkte inkarnieren. Sie werden von Anfang an Engel sein. Ihre Flügel sind vielleicht nicht äußerlich sichtbar, doch es werden Flügel der Bewußtheit sein. Ihre Flügel werden in ein Jahrtausend erleuchteter, freier Wesen führen. Wir werden unseren Teil getan haben, wenn wir die Engelsfrequenzen durch unser intensives geistiges Erwachen in uns verankern.

Die Engel laden uns ein, ihr Reich zu betreten. Sie wollen nicht physisch in unsere Welt kommen, sondern nur durch unsere Körper. Wir sollen den »Himmel auf Erden« schaffen, indem wir unsere Schwingung anheben, um den Schleier zwischen unseren parallelen Dimensionen zu zerreißen. Die Engel bereiten uns darauf vor, nach oben zu sehen – nicht, damit wir auf sie projizieren, sondern um dadurch angeregt zu werden, uns nach all dem auszustrecken, was sie in uns darstellen. Was projizieren wir auf sie? Ist es die Reinheit, unerschütterlicher Glaube, umfassende Liebe? Irgendwo in uns liegt der Samen all dieser Möglichkeiten. Wenn wir sie aufspüren, befreien wir die Engel. Fragen Sie Ihren Körper, wo er diese Eigenschaften in sich hält. Stellen Sie sich vor, daß Sie die Sie umschließende Kapsel öffnen und sie durch sich strömen lassen, wobei Sie ihre Energie in jede Zelle Ihres Körpers einprägen.

Wenn Sie beginnen, über die Engelsfrequenz zu meditieren, werden Sie sie bald überall um sich herum erkennen können. Gehen Sie an einen stark begangenen Ort und suchen Sie Engel. Sie werden einen finden, sichtbar oder unsichtbar. Sie werden Menschen sehen, aus deren Augen Engel blinzeln, als ob sie selbst Engel wären, und sie teilen einen göttlichen Augenblick mit Ihnen – und es werden tatsächlich Engel sein!

Der menschliche Emotionalkörper läßt nie jemanden frei, wenn er nicht das Gefühl hat, jemand anders sei da, um dessen Platz einzunehmen. In diesem Fall ist es nicht ein Jemand, sondern eine Schwingung, eine allumfassende, liebevolle Schwingung, die eine neue Art Raum schafft, in dem wir absolute Gewißheit haben, daß wir nicht mehr allein sind.

Wenn Sie bereit sind, die Engel freizulassen, hilft es, mit ihnen Geschenke auszutauschen, damit Sie ihre Energie in sich spüren. Bitten Sie die Engel, Form anzunehmen. Vielleicht meldet sich eine bestimmte Art von Engel, zum Beispiel der Schutzengel oder eine Gruppe von Engeln. Bitten Sie diese um eine Gabe, damit Sie ihre Schwingung mit sich tragen können. Vielleicht ist es ein Symbol, ein Gegenstand oder eine Farbe. Sobald Sie das Geschenk wahrnehmen, ziehen Sie es in Ihren Körper hinein, und beobachten Sie aufmerksam, wie es eintritt. Dabei prägen Sie sich ein, wie es in sämtliche Zellen Ihres Körpers eingeht. Dies wird die Engelsresonanz in Ihrer DNS-Struktur anregen.

So können wir den Himmel auf Erden schaffen, indem wir beide gleichzeitig leben und uns mit den einzigartigen Eigenschaften der Engel verbinden. Wir sind imstande, mehr als eine Dimension gleichzeitig in den Brennpunkt zu bringen und dennoch synergetisch in beiden gleichzeitig voll anwesend zu sein. Wenn wir die Angelpunkte finden, in denen diese Energien zusammenlaufen, erkennen wir auch, daß das menschliche Experiment es wert ist, gelebt zu werden.

10 Der Strahlenkranz im Alltag

Ich lag dort, unter meiner Sternendecke, und beobachtete die Milchstraße, die sich über mir erstreckte wie eine kosmische Fernverkehrsstraße. Ich überdachte die Sitzungen, die wir am Abend im Seelenzentrierungsseminar besprochen hatten. Weshalb fürchten wir uns so sehr davor, fragte ich mich, unsere Schwingen auszuprobieren und die Stärke und Schönheit auszuleben, die uns gehören? Ich lächelte im Gedanken an die exquisite Engelserfahrung, die von einer Person bei einem parallelen Leben beschrieben worden war. Ob sie verstand, was es bedeutete, daß diese Energien durch ihren irdischen Körper wirken? Wenn sie diesen Engel sichtbar werden ließe, würde sich ihr ganzes Leben ändern.

Es ist so mühsam, diesen großen Gedanken treu zu bleiben. Wir sind voller guter Absichten, aber sie weichen nahezu ohne Gegenwehr den üblichen Zweifeln und Vorurteilen. Wie könnten wir all das Gute in uns nur ein kleines bißchen länger festhalten?

Ich dachte darüber nach, wie ich mich für meinen Kurs am Dienstag abend vorbereiten könnte. Wenn ich meditiere, spreche ich ein kurzes Gebet oder ein Mantra: »Laß mich das Werkzeug sein.« Ich spüre, wie mich die Energie meines Höheren Selbst umfängt, und ich weiß, daß meine Aura viel größer und schöner wird. Ich bin mir besonders ihrer Strahlung über meinem Kopf bewußt. Es ist, als ob ich einen Strahlenkranz schaffen würde, um andere daran zu erinnern, wer wir wirklich sind. Die Leute sagen oft: »Ich wollte schon immer die Aura sehen, und heute abend habe ich zum ersten Mal deine gesehen. Sie ist wie ein großer, wunderschöner Strahlenkranz.«

Als ich zu den Sternen aufblickte, überlegte ich, daß das Strahlen der Himmelskörper eigentlich wie ein Heiligenschein aussieht. Wenn wir uns darauf konzentrierten, das Phänomen eines Strahlenkranzes zu erschaffen, würden unsere Schwingung und sogar unser Bewußtsein auf die gleichen Schwingungsebenen angehoben. Die wunderbare Resonanz meines Höheren Selbst unterbrach meine Gedankengänge mit dem Ausspruch: »Der Strahlenkranz im Alltag.«

»Das ist es!« seufzte ich.

Ich hatte nie in Betracht gezogen, daß wir durch unsere Absicht Strahlenkränze manifestieren könnten, so wie ich an meinem gesamten Energiefeld arbeite, wenn ich mich auf einen Vortrag vorbereite. Der Strahlenkranz ist ein energetisches Phänomen. Er läßt sich genauso bewußt aktivieren, wie wir die Frequenz des Aurafeldes beschleunigen können. Ich stellte mir mit großer Freude einen Raum voller Leute mit Strahlenkränzen vor. Zu Beginn könnten wohl noch nicht alle die Strahlenkränze sehen, aber sie wären vermutlich leichter wahrnehmbar als die Aura, weil sie so konzentriert sind. Jeder würde das Vorhandensein seines Strahlenkranzes in und um sich fühlen, doch der schwierigste Punkt wäre wohl, uns selbst davon zu überzeugen, daß wir imstande und würdig sind, einen Strahlenkranz zu tragen.

Heiligenscheine sind heute ein Symbol göttlicher Vollkommenheit im Sinne eines Dauerzustandes. Deshalb haben wir Menschen immer geglaubt, wir könnten sie nie selbst besitzen, denn unsere heiligen Augenblicke sind sehr flüchtig. Tief in unserem genetischen Material eingebettet lebt der Glaube, wir seien kein direkter Teil des Göttlichen, sondern davon getrennt, und wir hätten nicht das Recht, etwas davon zu beanspruchen. Man lehrte uns, daß nur gewisse auserwählte Menschen Wunder bewirken und Strahlenkränze tragen könnten.

Alle, die Wunder bewirkten, wurden Heilige genannt und hatten Engelsflügel, oder man nannte sie Betrüger, Hexen, Außerirdische. Ein Wunder ist etwas, was wir nicht verstehen können. Es übersteigt unsere praktischen Fähigkeiten und unser gegenwärtiges Bewußtsein, aber nicht das Wissen unseres Höheren Selbst. Jeder Mensch auf Erden hat in mindestens einer Inkarnation und durch die Erlebnisse mit Seelenfreunden Zugang zu diesen Frequenzen gefunden. Man hat uns gebeten, Wundertäter zu sein, aber wir erinnern uns nicht mehr daran, daß wir wissen, wie man Wunder bewirkt, oder daß wir dazu die göttliche Erlaubnis haben. Es ist weiter nicht erstaunlich, daß wir uns nicht mehr imstande fühlen, Wunder zu bewirken, wenn wir bedenken, daß wir die Fähigkeit – oder vielleicht den Wunsch – verloren haben, ineinander das Gute zu sehen.

Viele Leute sind der Ansicht, ein Strahlenkranz wäre eine schreckliche Last, weil man sich dauernd bemühen müßte, keine Fehler zu begehen. Der innere Dialog, ob man würdig genug ist, wäre zu anstrengend. Müßte man nicht seine Heiligkeit beweisen, oder die Welt aufgeben? Der Strahlenkranz hält uns jedoch nicht davon ab, in der Welt zu leben.

Er wird vielmehr eine neue Welt schaffen, in der wir leben können. Er würde ganz einfach die Trennung von unserem eigenen wahren Selbst aufheben, so daß Leichtigkeit in uns und durch uns fließt – wenn auch anfänglich nur stoßweise. Jeder ist dessen fähig und kommt damit irgendwann einmal im Leben in Berührung.

Sogar die Heiligen tragen den Heiligenschein nicht dauernd zur Schau, da auch ihre Emotionen Schwankungen unterliegen. Ihre göttlichen Taten kommen nicht etwa zustande, weil sie nie Zweifel oder Zorn empfinden, sondern aufgrund ihrer geistigen Kraft und ihres Mutes, durch diese Energien hindurch in höhere Schwingungsebenen aufzusteigen.

Wir müssen erkennen, daß auch wir diese Art von Stärke haben. Mein Höheres Selbst sagte: »Du brauchst etwas Körperliches, an dem das Bewußtsein sich festhalten kann. Der Strahlenkranz ist ein energetisches, elektromagnetisches, biochemisches Phänomen, das dir hilft, dein Bewußtsein, deine Hoffnungen und Träume auf einer genügend hohen Ebene zu halten, von der aus du dich aus deiner Einsamkeit und deinen Bemühungen zu dem katapultieren kannst, was du von Geburt an sein solltest: ein Lichtwesen.«

Mit diesem Kommentar begann mein Höheres Selbst eine seiner herrlichen Lektionen über die Kunst des Strahlenkranzes. Eine Reihe von Wesen, die Strahlenkränze trugen, schwebten durch mein Gesichtsfeld. Einige gaben sich als Heilige und Märtyrer, Engel und Lichtwesen aus anderen Dimensionen zu erkennen. Mir wurden verschiedene Arten von Strahlenkränzen gezeigt, zum Beispiel der goldene Kranz und der größere, diffusere weiße Strahlenkranz.

Ich vernahm, daß der Strahlenkranz ein Fenster zu anderen Dimensionen ist. Wenn unsere Energien stark genug sind, um die Ströme herbeizurufen, bilden diese mit unseren eigenen Lichtimpulsen eine Schnittstelle und dadurch den Strahlenkranz. Die kosmischen Energiegesetze dieser Ströme gestatten eine natürliche Wirkung, die wir Wunder nennen.

Lassen Sie mich einen kurzen Ausschnitt aus einer Sitzung am Light Institute einfügen: »Ich befinde mich in einer Versammlung der Ältesten. Wir besprechen die Vorbereitung des Jungen für seine Reise in den Fernen Osten, wo wir ihn hinsenden, damit er dort seine Initiation mit den Meistern des Lichts abschließt. Wir sind sieben Leute. Jeder von uns hat die Initiation des ersten Lichtchakra oberhalb der physischen Chakren, das dem physischen Körper den goldenen Strahlenkranz verleiht, bestanden.

Ich beginne zu sprechen: ›Da sind die kleinen Wunder, die er seit seiner Kindheit bewirkt hat.‹

›Stimmt, aber er geht damit immer noch um, als ob es kindliche Spiele wären.‹

›Genau. Gestern sah ich, wie er einen Vogel wiederbelebte, und als ich ihn über die Regeln für sein Tun befragte, lächelte er nur und antwortete, Gott habe es ihm gesagt.‹

›Wie können wir jemanden Disziplin lehren, dessen Strahlenkranz stärker ist als der eines jeden von uns?‹

›Ja, wir sollten doch die goldenen Frequenzen in ihm verankern, damit er die menschliche Form anwenden wird, und statt dessen hüpft er uns davon in die weißen.‹

›Ich finde, wir sollten ihn körperlich arbeiten lassen als Zimmermann, damit er weiß, was es bedeutet, im Schweiße seines Angesichts zu leben.‹

›Er ist zu jung, um körperlich zu schwitzen. Außerdem liebt er Holz so sehr, daß er womöglich noch Lebensformen daraus macht.‹

›Ich mache mir mehr Sorgen wegen seines Strahlenkranzes. Wir können nicht zulassen, daß er überall damit herumspaziert. Die Leute werden sich um ihn versammeln, bevor wir unsere Aufgabe vollenden können.‹

›Mach dir da mal keine Sorgen. Dort draußen ist alles so dicht. Keiner wird den Strahlenkranz überhaupt bemerken.‹

›Die Leute werden ihn spüren. Sie brauchen Wunder, und sie werden erkennen, daß er sie tun kann.‹

›Ja, wenn wir diesen körperlichen Aspekt übertreiben, fangen sie wohl an, die Lehren einander mitzuteilen, so daß jeder seinen Körper transzendieren kann.‹

›Sie werden dieses Gesetz nie verstehen.‹

›Aber es könnte ihm so passen zu versuchen, es ihnen zu zeigen. Das wäre eine Katastrophe. Sie würden ihn deswegen bestimmt töten.‹«

Das Leben entrollte sich weiter als atemberaubende Offenbarung. Beschreibungen von Strahlenkranzübungen wurden vorgebracht und im gegenwärtigen Körper aktiviert. Wir stimulierten die DNS-Matrix, um die Strahlenkranzenergie noch mehr zu wecken, damit alle Menschen beginnen könnten, sie in ihrem genetischen Code zu spüren. Ich frage mich, was heute mit dieser Person geschieht; vielleicht Wunder!

Wenn wir beginnen könnten, uns in den Energiepegeln zu üben, die notwendig sind, um unsere Strahlenkränze zu bauen, könnten diese als Lichtanker im menschlichen Körper dienen. Dies könnte eine sehr praktische Antwort sein auf die Probleme, die wir heute auf der Erde haben. Ein Körper, der einen Strahlenkranz schafft, muß eine Frequenz besitzen, die bewußte Erleuchtung, Friede und Glückseligkeit beinhaltet. Stellen Sie sich einmal die Qualität unserer Kommunikation vor, wenn sie über den Zugang zu den Strahlenkranzkanälen stattfinden würde!

Auch wenn wir die Strahlenkranzenergie nur für kurze Augenblicke halten können, lehren wir doch unseren Körper, die verschiedenen Frequenzen zu erkennen, und es wird ihm so leichter fallen, sie wieder zu spüren. Der physische Körper ist die Brücke, das Tor zu unseren anderen Körpern und deren Energien. Durch die Aktivierung unserer Meisterdrüsen können wir beginnen, die für einen Strahlenkranz notwendigen biochemischen und elektromagnetischen Kräfte aufzubauen.

Die Hirnanhangsdrüse, der Hypothalamus und die Zirbeldrüse enthalten alle essentielles Material, das die Verbindung zum Lichtkörper ermöglicht. Die Zirbeldrüse ist die Linse und die Schwelle für die Lichtfrequenzen in den Körper. Wenn der Strahlenkranz funktionieren soll, muß das dritte Auge geöffnet werden, das durch die Netzhautzellen in der Zirbeldrüse stimuliert wird. Es ist außerordentlich wichtig, daß wir mit dieser Triade von Meisterdrüsen arbeiten, damit sie alle sowohl auf physiologischer als auch auf lichtkörperlicher Ebene funktionieren können. In meinem Buch und Video *Der Quell des Lebens* zeige ich, wie man mittels Farbe ihren heiligen Nektar aktivieren kann.

Die Strahlenkranzenergie verhält sich zum Astralkörper wie der Astralkörper zum physischen Körper. Wenn wir Strahlenkränze tragen, verlagert sich unsere Frequenz nach oben. Ein Strahlenkranz ist das Energiefeld des Lichtkörpers, so wie die Aura das Energiefeld des physischen Körpers ist. Es bedeutet, daß die Lichtfrequenzen des Strahlenkranzes schneller sind, als die des Astralkörpers, genauso wie der Astralkörper leichter ist als der physische. Obschon Heilige vielleicht im Engelreich auf höchster Ebene in der Astraldimension leben, kommen die Lichtfrequenzen des Strahlenkranzes von noch höheren universalen Ebenen. Was wir uns als Himmel vorstellen, liegt in der Astralebene. Es gibt Welten, die alles übertreffen, was wir uns vorstellen können.

Es wäre wohl leichter, die verschiedenen Energien in vertikaler Anordnung wahrzunehmen. Stellen Sie sich das Scheitelchakra als Höhepunkt aller Chakraenergien des Körpers vor. In Indien wird es als tausendblättriger Lotos gesehen. Es ist wie ein Springbrunnen, der die Energie von der Schädeldecke aussendet. Die Energie fließt dann am Körper hinunter und wird durch die Füße wieder hereingezogen, wodurch ein Energiekreislauf geschlossen wird. Wenn wir die Energiezentren der feinstofflichen Körper, zum Beispiel des Astral- und des Lichtkörpers, mit einschließen, sehen wir, daß unsere holografische Menschengestalt über dem Körper verdichtete Bezugspunkte aufweist, die für das Ganze wesentlich sind. Wir haben nicht nur sieben Hauptchakren im Körper, sondern wir haben ein achtes und ein neuntes Chakra, die unserem geistigen Bauplan entsprechen. Diese beiden Chakren dehnen unser Energiefeld in die Höhe aus, während sie die Energien zu uns hinleiten. Sie sammeln die höheren astralen und kosmischen Energien, die unsere bewußte Wirklichkeit erweitern, und verankern sie synergetisch in uns.

Wenn wir diese Energien in unserem physischen Körper spüren können, werden wir vielleicht endlich verstehen, wie großartig es ist, ein Lichtgefährt zu schaffen, mit dem wir die

Seele ausdrücken können. Die Lichtenergien manifestieren sich durch die Leuchtkraft des Strahlenkranzes, und sie sind im Code unserer DNS eingeschlossen. Auch wenn der Strahlenkranz bis jetzt nicht aktiviert worden ist, wartet das Potential immer nur darauf, daß wir es erreichen. Es gibt besondere Angelpunkte, die wie Wirbel funktionieren und durch die dieser Energiepegel für unsere Körper zugänglich wird. All dies geschieht kraft der Chakren oberhalb des Kopfes, die Teil der feinstofflichen Bahnen des Ursprungs und des Schicksals der Menschheit sind.

Sie können die Drehpunkte Ihrer Strahlenkranzenergie für sich selbst entdecken. Im meditativen Zustand atmen Sie tief in Ihren Körper hinein und bitten ihn, Ihnen den Angelpunkt zu zeigen, der Sie mit Ihrem Strahlenkranz verbindet. Vielleicht spüren Sie einen weiten Lichtbereich im Gebiet des Punktes. Lenken Sie Ihr Bewußtsein in diese Energie hinein, und lassen Sie sich vollständig davon absorbieren. Das hilft Ihnen, sich an die höheren Frequenzen zu gewöhnen, damit Sie problemlos an den Energiewirbeln hinein- und hinausgehen können.

Sich mit der Strahlenkranzenergie verbinden ist etwas anderes, als aus dem Körper heraustreten. Beim Austreten geht man durch den Astralkörper in die astrale Dimension, während man den physischen Körper zurückläßt. Wenn man sich mit der Strahlenkranzenergie verbindet, hebt man die Schwingung des physischen Körpers an, so daß er in höhere Lichtfrequenzen transzendiert. Man hat dann nicht das vage Gefühl, geträumt zu haben, sondern es ist ein intensiver Zustand großer Klarheit. Vielleicht ist es deshalb so schwierig, diese Energie über längere Zeit aufrechtzuerhalten. Wir müssen unsere Zellen darin üben, bei diesen Frequenzen unversehrt zu bleiben. Glücklicherweise ist es so, daß die Zellerinnerung dieser und anderer Körper bei jeder neuen Erfahrung, wie kurz sie auch sein mag, hilft, diese als holografischen Bezugspunkt zu verankern.

Wir haben immer aufgeblickt zu dem, was über uns ist. In Bildern und Statuen stellen wir erleuchtete Wesen dar, die in Himmelshöhen hinaufreichen, um sich mit etwas zu verbinden und etwas zu erhalten, das sie aus ihrem einsamen Dasein heraushebt. Da wir einen angeborenen Sinn dafür haben, daß das Göttliche durch den Scheitel eintritt und hinausgeht, haben wir eine breite Palette von Kopfschmuck geschaffen, um jene Energien darzustellen. Diese sichtbaren Symbole erinnern uns an unsere geistige Wirklichkeit.

In nahezu allen Gesellschaften tragen Leute von besonderem Status einen Hut oder eine besondere Kopfbedeckung, um ihre Autorität und Macht kraft höherer Energien zu versinnbildlichen. Der Hut oder die Kopfbedeckung soll die Fähigkeit ausdrücken, mit etwas Kontakt aufzunehmen, was nur dem Träger des Hutes möglich ist. Führen Sie sich einmal die vielen priesterlichen Kopfbedeckungen vor Augen, die diese höhere Verbindung symbolisieren; zum Beispiel die Tiara des Papstes, Kardinals- und Bischofshüte. Es gibt auch besondere Zeremonien, beispielsweise die Zeremonie des Schwarzen Hutes bei den Buddhisten. Nicht zu vergessen der Federschmuck von Häuptlingen und Schamanen, die Turbane der Sikh, Kopfbedeckungen der Muslime, Araber und Türken, die Scheitelkäppchen der Juden, die Hüte der Chassidim usw. Fast jede Gruppe auf Erden kennt solche Kopfbedeckungen.

Die Macht der Pharaonen und Könige drückte sich in ihren Kronen aus. Der spitze Hut der Zauberer, ja sogar die feierlichen Hüte der Universitätsprofessoren und Studenten weisen auf die Verbindung des Kopfes zu anderen Bereichen hin. Die Hüte der Richter, die Mützen der Polizei und der Soldaten, ja sogar der Kopfschmuck der Braut zeigen dem Beobachter, daß dies besondere Leute sind. Verschiedene Gruppen haben sich den Schädel rasiert, tätowiert oder bedeckt, andere haben das Haar hochgebunden, um durch ihr Aussehen zu signalisieren, daß der Kopf ihren Glauben ausdrückt und geschützt werden muß. Ägypter, Tibeter, Inka, Maya und Azteken verformten die Köpfe oder führten Operationen durch, die ein Gefühl erhöhten Bewußtseins schaffen sollten.

Wenn wir unser Bewußtsein für die höheren Chakren öffnen, werden wir Zugang zu genau diesen Energien finden, die diese Gruppen in direkter Beziehung zum menschlichen Körper auszudrücken suchten. Was könnte praktischer sein als ein energetischer Strahlenkranz, der Teil von uns und dennoch Teil des ganzen Universums ist. Unser Strahlenkranz steht uns überall und jederzeit zur Verfügung. Die Fenster zum Himmel öffnen sich jetzt, und wir müssen den Blick nach oben richten, durch sie hindurch, bis wir genau das Göttliche finden, das uns gehört, um es hier in unserer Erfahrung als Mensch zu verankern.

11 Fenster zum Himmel

Die Wiederentdeckung der Fenster zum Himmel war wie ein Nachhausekommen für mich. Mein ganzes Leben lang hatte ich den Tod geküßt und war ihm wieder entwischt; sechsmal war ich an einen Ort hinübergegangen, an den ich mich nur in meinen verdrängten Gefühlen erinnerte und war wieder zurückgekommen. Es war ein Fangspiel. Den Feind zu berühren ist viel lehrreicher, als ihn zu töten. So spielte ich am Rande des Schleiers und erhaschte ab und zu die Funken von etwas, das sich in meinen Augen spiegelte. O ja, ich war dort gewesen – viele Male.

Die Fenster fluteten ins Blickfeld durch eine fünftausend Jahre alte Erinnerung. Damals wurden sie eingesetzt, um den Priestern und Adligen geheime Reisen in den Kosmos zu ermöglichen, damit sie ihr Bewußtsein erweitern und den »Himmel« in ihrem irdischen Körper verankern konnten. Dank meines Wissens um die Energiepfade hatte ich ihnen als Instrument gedient. Als die Erinnerungen wieder auftauchten, war zunächst alles, was ich von den Fenstern behalten konnte, die Empfindung einer unglaublich schnellen Bewegung in und aus verschiedenen Dimensionen und Welten, die anscheinend nicht mit unseren zusammenhingen.

In jenen nebelhaften Zeiten wagten nur wenige, sich in das Nichtmanifeste vorzutasten. Nun gibt es deren viele, und es fühlt sich an, als ob wir uns selbst und unsere Erde neu gebären müßten. Wir befinden uns im letzten Stadium des Übergangs, bevor die letzten Preßwehen einen phantastischen Sprung in eine erleuchtetere Welt bewirken werden. Wenn wir die Fenster zum Himmel öffnen, werden der Friede und die Klarheit anderer Dimensionen in unsere einfließen.

Am Light Institute führen wir die Leute durch einen Prozeß, den wir Seelenzentrierung nennen, zu anderen Dimensionserfahrungen. Seelenzentrierung ist ein ausgedehntes Sichvorwagen in die Reiche anderer Dimensionen unter der Führung des Höheren Selbst. Die Energien werden im Körper verankert, so daß die erlebte Erleuchtung auch in unserer jetzigen Wirklichkeit genutzt werden kann. Seelenzentrierung hebt den Emotionalkörper in höhere Ausdrucksbereiche hinauf, was uns ermöglicht, uns an die köstlichen Gefühle des Einsseins zu erinnern, die von der Seele ausgehen.

Wir müssen alles integrieren, was wir über den Sinn unseres Daseins im Kosmos wissen oder träumen. Wir dürfen uns nicht auf die dreidimensionale Welt beschränken und dabei hoffen, wir könnten so unsere Rolle im Evolutionsplan spielen. Was einst als bloße Phantasie galt, muß sich jetzt bewähren, indem wir uns in unseren wahren Fähigkeiten üben. Wir müssen in die unsichtbaren Welten hinausgreifen, um diese Initiation der Erleuchtung zu bestehen, und wir müssen dies jetzt tun!

Ich begann die Fenster zum Himmel auf die gleiche Weise zu öffnen, wie ich es vor fünftausend Jahren getan hatte: durch goldene, in die esoterischen Punkte gesteckte Akupunkturnadeln. Sie bilden ganz spezifische geometrische

Muster in einem Stromschaltkreis. Ich habe die Erfordernis, den Punkt zu stechen, um sie zu aktivieren, nie voll akzeptiert. Dies vermittelt den fälschlichen Eindruck, daß der Akupunktierende die Wirkung herbeiführt, während in Wahrheit der »Patient« diesen Stimulus als Katalysator für Energien benutzt, die er bereits in sich hat. Ich habe bald ganz aufgehört, Nadeln zu benutzen und ließ statt dessen die Person selbst die Punkte mit Licht stimulieren. So kann sie darauf vertrauen, daß sie es tatsächlich selbst tut.

Im Gegensatz zu jener Zeit vor Tausenden von Jahren, zeigte mir das Öffnen der Fenster jetzt, daß die Trennung zwischen Geist und Körper unendlich viel größer ist als damals. Mir wurde klar, daß wir die verschmutzten Körper nicht einfach in die Lichtfrequenzen übersetzen konnten, weil sie so lange vernachlässigt worden waren. Ihre Besitzer haben die Fähigkeit des Kommunizierens mit ihnen verloren und sind auf der Suche nach Gesellschaft in den Verstand abgeschweift. Wir werden die Feuer des Körpers wieder entzünden und die Zellerinnerung wecken müssen, wenn wir den Zugang zu der Expansion finden wollen, die für diese höhere Arbeit erforderlich ist.

Die Gefahr ist heute, daß viele dazu tendieren, mittels Drogen aus dem Körper zu fliehen. Dies verursacht eine tiefe emotionale Trennung, nicht nur von unseren Körpern, sondern von echten Beziehungen mit anderen, die unsere Welt mit uns teilen. Menschen auf der ganzen Welt wenden sich mit alarmierender Unbekümmertheit den Drogen zu, um den Schleier wegzuziehen, wodurch sie andere Wirklichkeiten aufdecken, die klarer erscheinen als die graue Monotonie des realen Lebens. Allzu viele Leute haben ins Jenseits geschaut, um dessen Existenz noch leugnen zu können, doch dieses passive Vorgehen schafft eine außerhalb gelegene Bewußtseinsquelle. Auch wenn die Drogenkonsumenten einen kurzen Blick auf Himmel oder Hölle erhaschen sollten, ist der Preis letztlich ein Schaden an ihrer Aura und ihrem Erbgut. Das Schwanken der Beobachterwirklichkeit schlägt Wellen durch die feinstofflichen Körper und lähmt den Geist. Wir brauchen diese Erfahrungen, doch wir müssen sie durch unsere eigene Kreativität, unseren Willen und Einsatz herbeiführen.

Man kann eine holografische Abfolge geistiger Erleuchtung ohne übermäßige Erschütterung erzeugen. Die »Fenster-zum-Himmel«-Sitzungen am Light Institute helfen den Menschen, ihre Körper mit den kosmischen Strömen aufzuladen, die ihrerseits das Bewußtsein dann in Oktaven und Dimensionen führen, die sonst für den Körper so fremd wären, daß er sie gar nicht wahrnehmen könnte. Weil die Energieschaltkreise bei dieser Arbeit verschmelzen, kann die Person, die diese Erfahrung macht, die Energien halten und fühlen, wie es ist, wenn man Licht ist, doch ohne den Kontakt mit dieser Welt zu verlieren.

Mein Höheres Selbst hat mir gezeigt, wie sich das Bewußtsein der Kundalini- und der Shakti-Lebensenergien auf die oberen Chakren abstimmen läßt. So können wir die feinstofflichen Körperströme im physischen Körper verankern und integrieren, statt Trennung zu verursachen. Indem wir in den Kundalini-Nadi hineingehen, können wir karmische Interferenzen, die das Aufsteigen der Kundalini behindern, beheben, damit sie wieder in ihr Heim in den oberen Chakren zurückkehren kann.

Nachdem wir mit der Kundalini gearbeitet haben, begeben wir uns in das achte und neunte Chakra, das heißt, in das goldene beziehungsweise weiße Chakra. Dies sind zusammenhängende Welten solcher Intensität und solchen Lichts, daß man sich kaum vorstellen kann, daß sie sich in unsere Welt integrieren lassen. Es sind die Reiche synergistischer Wirklichkeiten, Lichtfrequenzen jenseits unseres hier wahrnehmbaren Spektrums und Begegnungen mit anderen Wesen, die um die kosmischen Energiegesetze wissen und deshalb eine Technik beherrschen, die für uns von großem Nutzen sein könnte.

Wenn man die Erfahrungsvignetten von diesen oberen Oktaven liest, fragt man sich womöglich, wie man sie in unserer Realität anwenden könnte, wenn sie doch so von aller Form und Struktur entfernt sind. Es ist die *Energie*, die von so großem transformierendem Wert für uns ist. Wenn jemand diese Frequenzen aus eigenem Antrieb erreichen kann, werden sie überlebensgroß, und allein ihre Anwesenheit wirkt auf andere erhebend.

Das goldene achte Chakra

Das achte Chakra heißt goldenes Chakra, weil es aus den goldenen Fäden der Materienmatrix gesponnen ist. Gold ist die Farbe der Form, der Manifestation. Es schafft Struktur und hält die sich kreuzenden Maschen des kosmischen Gewebes. Die Goldfrequenzen heben uns hinauf in höhere Reiche, die unser wahres Menschsein unterstützen. Die Christusenergie mit ihrem wunderschönen goldgelben Licht umfaßt das Goldchakra. Sein Glanz ist nicht die Aura des menschlichen Körpers an sich; es ist das Strahlen der höheren astralen und himmlischen Felder.

Das Goldchakra beginnt dreißig bis sechzig Zentimeter über dem Kopf. Es ist der erste Sprung aus dem physischen Körper. Nach der Strahlenenergie des Scheitelchakra gibt es einen anscheinend leeren Raum bis zum goldenen Chakra, das dann als starker Energiewirbel etwa eine Armlänge über dem Kopf zu finden ist. Es ist unglaublich, daß etwas, was unseren physischen Körper nicht berührt, dennoch Teil davon ist, und das ist es tatsächlich. Es ist an unsere geistige DNS angeschlossen, die mit unserer physischen DNS verflochten ist. Wenn wir unsere Schwingung anheben, wird das goldene Chakra aktiviert und beginnt, sich zu drehen. Sobald es wirbelt, wird es zum Kanal, der höhere Energien in seinem Zentrum verdichtet. Es wird von unserem Feld angezogen, und wenn es den Energiebogen unseres Scheitelchakra erreicht, schmiegt es sich darum, um den goldenen Strahlenkranz zu bilden.

Es gibt viele Wege, sich auf den goldenen Strahlenkranz vorzubereiten. Es ist wichtig, daß man seine Präsenz im eigenen Leben herbeiwünscht, denn wenn man ihn einmal erlebt hat, wandelt sich vieles aufgrund seiner umwälzenden Wirkung auf uns. Man kann den goldenen Strahlenkranz durch Meditation und Gebet herbeirufen, sobald man seine eigene Frequenz beschleunigen kann, um zu ihm hinaufzureichen. Man muß die Energie aus dem hellsten Bereich in sich selbst herbeirufen; man braucht aber kein Heiliger zu sein, um es zu versuchen. Jetzt ist dafür der beste Augenblick, nicht irgendeine nebulöse Zukunft, in der man irgendwann vollkommen zu sein hofft.

Was man ißt, hat einen Einfluß. Man lädt das lebendige Licht zu sich, in sich und um sich ein, und es ist deshalb gut, seinen Zellen eine Kost aus lebendiger Nahrung, reich an

Chlorophyll, zu geben, damit sie nicht mit Abwehr auf das verstärkte Licht reagieren. Ich denke, daß jeder Mensch auf Erden irgendeine Form von Blaualgen zu sich nehmen sollte, denn sie waren der erste Organismus, der Sonnenlicht in Leben umwandelte. Blaualgen sind eine der ältesten und erfolgreichsten Lebensformen auf Erden, die, lange bevor die Ozonschicht uns vor Strahlen schützte, schon hier lebte. Da die Strahlungspegel jetzt sehr schnell ansteigen, brauchen wir Blaualgen als Puffer, bis unsere Körper sich anpassen können.

Ich möchte Ihnen nun zeigen, wie Sie Ihre Energie bündeln können, um die für einen Strahlenkranz erforderliche Frequenz zu schaffen. Vorher muß man ein paar Dinge tun, die die Felder in Bewegung versetzen:

Die schnellste Wandlung der Energie bewirkt man durch Drehung. Versuchen Sie, sich so lange Sie können um die eigene Achse zu drehen. Ganz gleich, ob dies nur wenige oder viele Umdrehungen sind – die Übung wird Ihren Verstand und Ihren Körper von den Fesseln befreien, die Sie an der höheren Wahrnehmung hindern. Setzen Sie sich hin, und schließen Sie die Augen.

Der Atem ist der nächste Schritt zur Beschleunigung Ihrer Energie. Der Pranayama-Feueratem ist eine ausgezeichnete Technik zur Synchronisation der Meisterdrüsen. Dazu »schnaubt« man beim Ausatmen in kurzen, starken Stößen durch die Nase. Man beginnt langsam und wird schneller, wie eine Dampflok, die beschleunigt, und verlangsamt wieder bis zum Anhalten. Dann atmet man tief durch und klemmt die Muskeln im Damm-/Steißbeinbereich beim Ausatmen zusammen. Das schickt die Energie ins dritte Auge hinauf.

Hinter der Nase befindet sich eine Membran, die die Öffnung zum Gehirn abdeckt. Direkt dahinter liegt die Hypophyse oder Hirnanhangsdrüse. Der Feueratem bringt die Membran in Schwingung und stimuliert die Meisterdrüsen. Nach dieser Übung fühlen Sie sich vielleicht wie beschwipst, oder Sie spüren einen leichten Schmerz in der Mitte der Stirn über dem dritten Auge. Das ist alles ganz normal. Nun sind Sie bereit, die spezielle Atmung zu lernen, die Sie mit dem goldenen Chakra in Berührung bringt.

Konzentriere deine Aufmerksamkeit auf deinen Scheitel, und atme mehrmals tief ein und aus. Vielleicht spürst du eine Art Sprudeln oder Brummen um dein Scheitelchakra herum. Das ist gut.
Benutze deinen Atem wie einen Laser. Atme ein durch das dritte Auge in der Mitte der Stirn, und atme durch das Scheitelchakra aus, wobei du deine Energie wie mit einem Laser hinaufrichtest, bis du die Verbindung zum achten Chakra spürst. Denk daran, daß es sich etwa eine Armlänge über dem Kopf befindet. Wenn du dieses goldene Zentrum empfindest, halte einen Augenblick den Atem an, dann atme wieder durch das achte Chakra hinunter ins dritte Auge.
Wiederhol dies mehrere Male, und stell dir dabei vor, wie du von dem goldenen Licht umfangen wirst. Bald wirst du eine Art Fülle um den Kopf spüren, insbesondere über der Schädeldecke und an den Seiten. Dies ist die Strahlenkranzfrequenz, die in dein Energiefeld eintritt. Übe das immer und immer wieder, bis du die Empfindung mittels Atem und gezielter Absicht leicht wieder hervorrufen kannst. Mache die Übung, wenn du aus dem Haus gehst, so

daß du das Gefühl hast, tatsächlich deinen Strahlenkranz zu tragen. Schon die Vorstellung, einen Strahlenkranz zu tragen, ist ein großer Schritt für jedermann. Auch wenn man nur so tut, als ob man einen Heiligenschein trägt, stellt sich das Aurafeld auf diese Schwingungsebene ein, und man empfindet eine ganz neue Harmonie und Freude.

Eine meiner fortgeschrittenen Schülerinnen arbeitete an diesem Thema und erzählte nachher im Unterricht eine lustige Geschichte darüber. Nachdem sie die starke Empfindung eines solchen goldenen Strahlenkranzes um sich hatte, ging sie in die Stadt, um sich im Tragen des Kranzes beim Gehen zu üben. Es war für sie überraschend, daß niemand den Strahlenkranz zu bemerken schien, außerdem fühlte sie sich gänzlich unsichtbar. Die Leute schienen durch sie hindurchzublicken, ohne sie überhaupt wahrzunehmen. Doch als sie durch den Park ging, kam plötzlich ein Betrunkener auf sie zu und sagte: »Du strahlst. Strahl nur weiter so!«

Auch ich habe bemerkt, daß Kinder und medial veranlagte Menschen sich umdrehen und nochmals nach meinem Kopf blicken. Manchmal sehe ich auch deren Strahlenkranz, und wir tauschen Blicke des Erkennens. Es handelt sich dabei nicht um etwas zwischen Kind und Erwachsenem oder zwischen Fremden; es ist die wissende Umarmung zweier Seelen!

Es gibt Engel auf Erden, die sich ihres Lebenssinns und Schicksals bewußt sind, und es gibt solche, die Engels-DNS in sich tragen und sich noch nicht selbst entdeckt haben. Nachstehend die Offenbarung einer Frau als Ergebnis ihrer Einstimmung auf das goldene Chakra: »Ich sehe das Goldchakra wie einen Springbrunnen. Es fühlt sich an, als ob es in mich und durch mich fließt. Beim Fließen durch mich hindurch spült es viel altes Karma fort, und ich empfinde ein unglaubliches Gefühl der Leichtigkeit. Das goldene Licht kommt durch meinen Hals, geht durch den Rücken und dehnt sich am oberen und unteren Ende des Rückgrats aus. Es steigt aus meinem Kopf hinauf wie ein Schirm mit Faserbündeln, und jede Faser hat an der Spitze einen zwiebelartigen Stern. Der Schirm geht aus dem goldenen Chakra hervor und steht mit den Engeln in Verbindung. Ihre Strahlenkränze sind wie goldenes Filigran, durch das blaues und weißes Licht strahlt. Während ich sie anstarre, beginnt sich in mir eine tiefe Erkenntnis zu regen. Wir sind alte Freunde. Ich spüre ihre Liebe zu mir, und ich erkenne, daß wir zusammenarbeiten.

Sie lächeln mir zu, und es offenbart sich mir, daß ich eine von ihnen bin. Ich bin ein Engel, der eine menschliche Erfahrung macht. Es ist, als ob ich einen winzigen Teil von mir, so etwas wie die Fingerspitze meines kleinen Fingers, genommen hätte und ihn in eine menschliche Inkarnation gesteckt hätte. Der Sinn des Ganzen ist, einen Beitrag für die Entwicklung der Menschen zu leisten. Wir (die Engel und ich) tun all dies zusammen. Es erfordert gespannte Aufmerksamkeit, doch nur von diesem kleinen Teil meines Wesens. Der Rest ist auf das Hier mit den Engeln ausgerichtet. Ich habe außerordentlich viel Mut, daß ich dies tue.

Ich erhalte eine Botschaft. Sie besagt: ›Das Licht ist in dir. Es ist fließend. Es gibt keine Quelle außerhalb.‹ Ich bin ewig. Ich empfinde ein wundersames Gefühl zeitloser, altersloser, unvermeidlicher Ganzheit.«

Und noch eine Erfahrung einer anderen Person mit der Energie des goldenen Chakra: »Ich sitze unter einem Olivenbaum und spiele Flöte. Die Musik, die durch mich strömt, ist die Frequenz des goldenen Chakra. Sie kommt in meinen Körper herein und aus dem Mund wieder heraus. Sie umstrahlt mich. Die DNS hält die Energie aufrecht, und dies führt zu einer Ausdehnung meines Aurafeldes. Es fühlt sich warm an, und ich empfinde grenzenlose Fülle; einen Reichtum an goldenem Licht. Das goldene Licht muß sich spiegeln, um seine Wahrheit erkennen zu können. Ansonsten durchdringt es einfach alles, ohne sichtbar zu werden. Mit meiner Flöte werde ich zu seinem Spiegelbild, und ich dehne mich nach oben aus, wie eine Antenne, die in die höheren Schwingungsebenen hineinreicht und die goldene Energie herbeiruft.

Die Antenne ist wie eine Krone, oben offen, und sie schwebt über meinem Kopf. Unten befindet sich ein Loch, mit einem Durchmesser so groß wie mein Körper, das sich verändern kann. Über der Krone befindet sich ein relativ flacher Trichter, der gleichzeitig auch Antenne ist. Die Antenne sammelt das goldene Licht und läßt es durch den Trichter wie einen Wasserfall in den Körper fließen.

Es gibt keine Müdigkeit, und die Quelle ist unerschöpflich. Nur durch die Antenne wird es manifest. Wenn die Antenne aktiv ist, empfängt sie reichlich grenzenlose Lichtenergie, und dann können es auch andere sehen.

Es ist ansteckend. Die Menschen fühlen sich durch den Kontakt sofort gesund, und all ihre Chakren werden gleichzeitig aktiviert. Wenn jemand Energie aussaugt wie ein Vampir, wird er vom Licht überflutet und derart beschenkt, daß er nicht mehr saugen kann. Das goldene Licht löst sämtliche negativen Vibrationen sofort und schmerzlos auf, und aus diesem Grund ist es so verbindend.

Die DNS reagiert, als ob sie in Harmonie mit der Flöte singen würde. Dies ist die Energie ekstatischer Freude. Sie verwandelt alles in Gold. Jede Zelle platzt vor Lebenskraft. Es besteht kein Bedarf an Willen, Zweck, Richtung, Beginn oder Ende. Das Licht umfängt alles. Es existiert nur Hingabe. Es existieren keine Fragen mehr, denn die Antwort ergibt sich aus der Frage. Keine Furcht, nur reines Sein.

Ich empfange weitere kosmische Energien durch die Antenne. Ich sehe sie als silberfarben und rot. Sie bringen Verbindungen mit anderen Dimensionen und Realitäten. Mein Inneres Kind lacht und fühlt sich wie auf einem großen Fest. Es sagt mir, mein ganzes Leben werde sich ändern. Es flüstert mir ins Ohr, daß die Weisheit des goldenen Chakra im Annehmen und Lieben von allem, was geschieht, besteht.«

All diese Erfahrungen in höheren Bereichen sind mit großer Gefühlstiefe aufgenommen worden. Worte können nicht angemessen wiedergeben, was sie für die Menschen bedeuten, die von ihnen berührt wurden. Stellen Sie sich ein entrücktes, glückseliges Gesicht vor, eine durch die Weite des Alls sanft gemachte Stimme, ein Verstand, der durch das unendliche Meer des Bewußtseins beruhigt ist.

Ohne Drogen, bei vollem Bewußtsein, durch Klang, mit Rhythmus, im Licht und mittels seltsamer, wunderbarer Visionen haben diese Menschen in einem inneren Universum, außerhalb der Grenzen unserer Dimension, einen Resonanzraum gefunden. Sanft und allmählich haben sie sich gewandelt. Was bringen sie für uns zurück? Nichts, was wir in der Hand halten könnten. Wir müssen in den Bereich ihrer ekstatischen Herzen hineinreichen und einen Punkt im Wesentlichen berühren. Sie haben über unsere Welt hinausgesehen, sind an einen Ort jenseits unserer gemeinsamen Welt gelangt, in ihre eigenen Welten. Weil sie es taten, können wir es auch. Es steht uns frei, einen Quellpunkt zu finden, durch die Sphären zu reisen und jene unergründlichen Energien direkt in unserem Körper – in unseren Blutkörperchen, unserer DNS – zu verankern.

Das silberweiße neunte Chakra

In den Trichter des neunten Chakra einzutreten bedeutet, die manifeste, materielle Welt zurückzulassen und in den wirbelnden kosmischen Äther hinaufzusteigen. Die Energiegesetze mögen die manifeste Form zulassen, die sich zweckentsprechend verhält und sich wieder auflöst.

Das silberweiße Chakra ist der Mantel des Lichtkörpers. Seine Aura ist weiße Strahlung, die wie ein amorpher Kokon um seine nebelhafte Form herumflimmert.

»Bist du da?« frage ich flüsternd.

»Ja. Mein silberweißes Chakra ist wie flüssiges Licht, voller Feuerfunken. Ich sehe Eiformen aus glühendem Licht. Ich spüre, daß in ihnen Wesen vorhanden sind. Ich greife mit der Hand in sie hinein; sie sind voller Leben. Meine Zellen kommunizieren mit jener Energie. Meine Zellen sind derart aufgeregt, daß sie alle zugleich schwatzen. Ich sehe Hunderte dieser Wesen über einem Planeten in unserem Sonnensystem schweben. Seine Oberfläche ist staubig, und im Innern befinden sich Würfelstrukturen, die Gasblasen enthalten.

Ich befinde mich wieder im Innern des silberweißen Chakra, das sich in eine klare Flüssigkeit verwandelt hat. Ich stehe auf seiner Nässe. Das Licht ist nun anders; es ist radioaktiv. Es bewegt sich in quadratischen Spiralen, ähnlich den Zeichnungen der Maya.

Ich sehe ein Gesicht mit einem braunen Fleck auf der linken Wange. Es ist eine Botschaft bezüglich Strahlung im Körper. Mir wird die Schwingung des silberweißen Chakra gezeigt. Sie dringt in das Gesicht ein, und die Partikel werden wie der Flaum im All. Obschon sich der Körper auflöst, bleiben die Erfahrungen in den Molekülen erhalten. Sie sehen aus wie Millionen Lichtnadeln. Sie enthalten die Erfahrungen, die sich dann über die Matrix ausbreiten und von den Körpern aufgenommen werden, die durchkommen.

Ich bringe meinen Körper ins silberweiße Chakra. Ich empfinde einen magnetischen Impuls in den Händen und eine andere Energie in meiner Stirn und oben auf dem Scheitel. Ich spüre, wie die Moleküle meines Körpers sich verschieben. Eine kalte, ziemlich metallische Energie kommt über meinen Körper. Sie ist gut. Ich passe mich an die DNS der silberweißen Energie an. Die ›Fenster-zum-Himmel‹-Punkte sind Lichtbogen so groß wie Regenbogen – allerdings nicht farbig, sondern nur Licht. Wie ein Wasserstrahl, der in einem Bogen sprüht, bewegen sich die Tröpfchen in verschiedene parallele Dimensionen. Es sind die Angelpunkte, und auch ich kann mich in jene Dimensionen begeben, falls ich es wünsche.

Das flaumige, pulsierende weiße Licht gelangt in meine Augen, und ich öffne sie so weit ich kann, damit sie groß genug sind für die flachen Zellblasen, die wie wirbelnde Spinnräder in meinen Kopf eintreten. Ich blicke in den Mechanismus des Universums. Dies sind die gleichen Blasen, die mir bei einem meiner Todesschwellenerlebnisse die Geheimnisse des Lebens offenbarten.

Der Bereich meines dritten Auges ist frostig kühl, und ich spüre Spannung über dem Kopf, während das neunte Chakra mich hinaus ins All wirbelt.

Mein Höheres Selbst gibt mir ein Werkzeug, das mir hilft, die silberweiße Frequenz zu nutzen. Es sieht aus wie eine Silhouette am Horizont. Sie erscheint wie ein Waldbrand aus strahlend weißen, sich kräuselnden Feuerzungen. Sie verbindet die Lotosblume des Scheitelchakra mit dem neunten Chakra und bewirkt, daß die silberweiße Energie sich zu mir und rund um mich beugt. Die Energie fließt durch meinen Körper hinunter und schafft in mir einen nebligen Raum. Strahlen, strahlendweißes Licht.

Plötzlich empfinde ich einen Bezugspunkt zum Blau der Shiva-/Krishna-Energie. Ich habe den Eindruck, daß mein ganzer Körper auch blau wird. Ich sehe den goldenen Bogen um die Krishnafigur. Sie schlüpft durch den Meditationspunkt in mich hinein wie reine Flüssigkeit.

Ich empfange Supernovas, wirbelnde Gase. Sie dehnen sich aus und bilden unsichtbare Städte aus flüssigem Glas. Sie fließen um den Erdball und werden zu wogenden Kolonien aus einer weichen Masse, die die Erde schützen. Mein Körper hat sich ebenfalls ausgedehnt, wie der Horizont. Ich sehe den Saum der Flammen, der jetzt sehr weiß ist. Ich halte den Rand des silberweißen Chakra um mich wie ein riesiges Segel. Ich spüre ein Pulsieren wie Strahlung. Ich bin umgeben von einem Strahlenmantel!«

Es war ein erlesener Augenblick, als ich beobachtete, wie sie mit ihrem silberweißen Chakra Kontakt aufnahm.

»Wie fühlt es sich an?« fragte ich.

»Gott«, flüsterte sie.

Der Raum war erfüllt mit sanftem, leise pulsierendem weißem Licht; ich hielt den Atem an, um seine Anwesenheit nicht zu stören.

»Was geschieht jetzt?«

»Ich werde von Licht durchströmt. Ich höre Klänge, weder himmlische noch irdische Töne; es ist das Summen des Universums!«

»Was fühlst du?«

»Ich spüre das Summen in mir ... Nein, warte ... ich bin das Summen!«

Stille ... Weite ...

»Was geschieht jetzt?«

»Geschwindigkeit. So schnell, daß sie gleichzeitig stillsteht. Silberweißes Licht. Ich werde durch es hindurch gewirbelt. Ich werde zur Naht zwischen den Universen gebracht. Es ist eine kurvende Bewegung, ein Bogen ohne Zeit. Eine Strukturempfindung. Eines faltet sich in das andere. Ich kann nicht hinüberschreiten; ich werde hindurchgeführt. Es ist ein Anflug einer Hand. Doch es gibt keine Körper. Es ist auf mich gerichtet, weil ich Raum einnehme. Mein Bewußtsein hat einen Bezugspunkt. Weder Ausdehnung noch Umriß, doch ein Zentrum. Es ist das Zentrum meiner Seele.«

Fließend sein

Die grenzenlose Seele sitzt im Zentrum des Bewußtseins. Wenn man ihren Atem spürt, erkennt man tief in sich den Sinn des eigenen Lebens. Bewußtsein ist absolutes Fließendsein. Es haftet nirgendwo, und dennoch ist es Ihr Ursprung, und Sie beherrschen es. Sie können die Ströme des Alls mit Ihrem Bewußtsein durchfahren und sämtliche Möglichkeiten berühren. Indem Sie sich nach den Zentren der Erleuchtung ausstrecken, können Sie durch alle Ihre Körper hindurch Ihr wahres Selbst erkennen. Ihre Anwesenheit dort ist ein richtunggebendes Geschenk für alle Seelenfreunde, wo immer sie auch sein mögen.

Lassen Sie sich durch mich inspirieren, die Fenster des Bewußtseins einer neuen Welt aus flüssigem Licht zu öffnen, wo Wahrheit und Friede aus den Menschenherzen heraus und in sie hineinfließen, über den Lebensfluß, auf den Stromschnellen absoluter Freude!

Alles, was im Äther schwingt, fließt in uns hinein, und alles, was uns geschieht, fließt zurück in das kosmische Meer. Wir sind nicht Zuschauer bei einem Spiel, bei dem es Gewinner und Verlierer gibt; wir sind die Spieler und Abenteurer im sich entfaltenden All. Wir selbst sind das Fließen.

Der Himmel ist ein wunderbarer Teil unseres Wesens. Er ist aber auch die Haut, die unsere Erde umschließt und in unser Sonnensystem hinausatmet. Er ist unser Schicksalsträger. Wenn wir unser Bewußtsein nach oben verlagern, werden wir erkennen, daß wir der halbe Himmel sind. Er liegt nicht über uns. Er ist in uns. Wir sind der Raum, das Licht, die Luft. Wir sind das Summen des Atoms, der Kohlenstoff der Erde, das Antlitz des Göttlichen. *Wir sind Seelenkörper.*

Danksagung

Meinen herzlichen Dank an Salomé Hangartner, die dieses Buch so genau und mit großer Kunst übersetzt hat, damit meine deutschsprachigen Seelenfreunde es lesen können, als ob sie in meinem eigenen Wesen läsen. Danke, Salomé!

Meinen tiefempfundenen Dank an meine Lektorinnen Olivia Baerend, deren fachkundige Aufmerksamkeit den Seelenkörpern ihre Form gab, und Christine Schrödl, die sie in liebevoller Kleinarbeit dabei unterstützte. Olivias Begeisterung entfachte meinen Wunsch, das Buch zu schreiben. Danke, Olivia! Danke, Christine!

Meinen innigsten Dank an Jürgen Lipp von der Wrage Buchhandlung, der mir auf unendlich viele Weisen geholfen hat. Dank seiner unermüdlichen Bemühungen kann ich immer und immer wieder nach Deutschland zurückkehren, um mit allen ins Gespräch zu kommen. Jürgen ist ein Beispiel dafür, wie man die Arbeit und die Liebe der Familie im Leben in Harmonie zusammenbringt – eine Eigenschaft, die ich sehr bewundere.

Dank an Navjit Kandola und Laula Fitz, die mit mir den eisigen Winden New Mexicos die Stirn boten, um wunderschöne Bilder für den Umschlag dieses Buches zu schaffen. Ihr seid Alchimisten der Schönheit!

Dank an Teo und Bapu und alle meine Kinder, die mir mit liebevoller Geduld und Vertrauen halfen, dieses Buch zu gebären. Danke, meine Geliebten!